红色记忆® 60

抗日烽火中的新闻战线

海南省文化交流促进会　编

南海出版公司

2017 · 海口

图书在版编目（CIP）数据

红色记忆 · 60：抗日烽火中的新闻战线 / 海南省文化交流促进会编 . -- 海口：南海出版公司 , 2017.7（2025.1 重印）
ISBN 978-7-5442-9096-8

Ⅰ . ①红… Ⅱ . ①海… Ⅲ . ①抗日斗争－新闻工作者－生平事迹－中国 Ⅳ . ① K825.42

中国版本图书馆 CIP 数据核字（2017）第 164446 号

HONGSE JIYI · 60——KANGRI FENGHUO ZHONG DE XINWEN ZHANXIAN

红色记忆 · 60——抗日烽火中的新闻战线

作　　者	海南省文化交流促进会
总 策 划	刘　栋
顾　　问	贾延岩
执行总编	任在齐
责任编辑	聂　敏
封面设计	郑广明
排版印务	白　多
发行总监	杨成春
出版发行	南海出版公司　电话：（0898）66568505
社　　址	海南省海口市海秀中路 51 号星华大厦五楼　邮编：570206
电子信箱	nhpublishing@163.com
经　　销	新华书店
印　　刷	天津睿意佳彩印刷有限公司
开　　本	787 毫米 ×1092 毫米　1/16
印　　张	6.25
字　　数	110 千字
版　　次	2017 年 7 月第 1 版　2025 年 1 月第 2 次印刷
书　　号	ISBN 978-7-5442-9096-8
定　　价	39.80 元

南海版图书　版权所有　盗版必究

对历史无知的人，没有真正的信仰可言；没有信仰的人，不可能拥有美好的理想，不可能胸怀崇高的情感，也就不可能担负起任何责任。用欲望文化代替历史教育，足以使一个国家的青年被腐蚀、使一个民族的希望被毁掉，使这个国家和民族被永世万代地奴役！

鉴于此，我们呼唤历史，唤回那段属于二十世纪的“红色”历史，唤回那段炮火硝烟、颠沛流离的历史，唤回那冲天的狼烟留下的悲壮回忆、岁月年轮沉淀的斑驳痕迹。历史不应该被忽略，更不应该被遗忘，牢记那段革命战争年代的红色历史更是责任。为了那些不应该被忘却的记忆，为了那些不应该被丢弃的信念，于是就有了这套《红色记忆》丛书。

曾记否，当草鞋与意志丈量出来的两万五千里穿越一个伟大民族五千年的荣辱兴衰，革命的火种被一路播撒、一路点燃。人迹罕至的雪山、荒无人烟的草地被鲜血浸透，衬映出一段光辉的里程；万水千山早已被远远地抛在身后，一轮红日在黄土高原磅礴而起。满目疮痍的河山在1936年10月温暖如春……

曾记否，当生命和鲜血浸染的十几年光阴将一种记忆铭刻进一个伟大民族的历史画卷，革命的火焰从星火到燎原。这栏杆拍遍、易水悲歌般的呼号，这折戟沉沙、慷慨赴义的悲壮，这铁马冰河、枕戈待旦的苦战，这红旗漫卷、所向披靡的豪迈……腔腔热血、铮铮铁骨早已被融铸成一座不朽的丰碑，中华民族从苦难中百死后生的壮丽诗史凝结成了五星闪耀的红色记忆。

曾记否，中华人民共和国成立以来，又有无数英烈接过前辈用鲜血染红的旗帜，或壮怀激烈戍边卫国，或忠于职守鞠躬尽瘁，或绝甘分少奉献大爱，甘做国家强盛、人民富裕的铺路石，成为和平年代民族复兴的荣光，把人民心中的红色记忆浸染得分外鲜艳，永不褪色。

这红色记忆，是信念不衰、志向不改的崇高气节；这红色记忆，是无私无我、生属苍生的博大胸怀；这红色记忆，是敢为人先、披荆斩棘的拓荒精神；这红色记忆，是中华民族最宝贵的精神财富。它告诫我们，人事有代谢，传承无绝期。缅怀先烈精神，继承先烈遗志，是社会的道德和民族的良心，是后来者须臾不可忘怀的本分。

老一代人把历史的真实交付给我们，我们有责任用真实还原历史，传承给下一代，把那段岁月与现在年轻人的生活连接到一起，使他们眼中的历史变得立体、真实、可靠，让历史成为他们前进的动力。本丛书将那些流动的、随时会飘散在时间天际的事件凝固下来，希望透过这些文字、图片，感受到英雄们那坚定的革命信念，感受到那个年代澎湃的革命激情，真切体会那段“红色历史”。

忘记历史，就意味着背叛。让我们重温历史，缅怀先烈，从中汲取力量，毅然前行。

刘栋

目录 CONTENT

目录

CONTENT

本丛书稿件拥有图文版权，未经授权不得转载复制。

本丛书稿件敬请作者文责自负。

本丛书稿件以及部分图片来源于网络。所付稿酬已包括电子及网络出版使用权费用。请未联系上的作者看到本书速与我公司联系，以便我公司支付稿酬。

烽火忆当年
——访抗日华侨战地记者庄明崇

文/孙　伟

庄明崇（图片来源：人民网）

近日在曼谷一次小小的聚会中，笔者结识了八十八岁的泰国华人庄明崇老先生。抗日战争时期，庄先生毅然参加南洋华侨战地记者通讯团，奔赴中国抗日前线。如今，当年与他一起赴华采访的同行俱已作古，他成了参与中国抗战前线报道的唯一健在的东南亚华人，甚至可能是全球海外华人中有此经历并健在的唯一一位了。

庄先生祖籍广东潮州，1915年出生在曼谷，曾在曼谷早期的华文学校新民中学读书，后到马来西亚槟城求学。卢沟桥事变后即赴华做战地记者，参与报道了台儿庄战役、武汉保卫战等重大战事。此后，庄明崇辗转到昆明西南联大学习，日本投降前回到曼谷。忆及烽火当年，老先生对一些人物和事件记忆犹新，侃侃而谈。

组团赴华

中国全面抗战爆发后，南洋华人、华侨支援抗战的热情高涨。马来西亚槟城《现代日报》的主编曾圣提先生倡议组建华侨战地记者通讯团，回国从事抗战新闻报道工作。曾先生祖籍广东饶平，当年三十岁左右，是活跃在槟城的著名华侨报人。鉴于报馆记者大都有家室，曾圣提便从当地华文读书会中找到六位二十几岁的青年——潮州人庄明崇、纪志文，广州人龙炎川，福建人骆德露、辜洪涛，海南人黄某——共七人组成记者团。

“1937年11月，我们这个抗战后第一个回国的华侨新闻团体，从星洲（独立前的新加坡）乘坐香港货轮‘丰平号’北上香港。原打算转道南京，但抵港后得知南京已失守，只好决定经广州赴汉口设立记者站，以便展开工作。在赴港途中，‘丰平号’船员们对记者团投身抗日深表敬佩，船长打开大餐厅让我们住宿，那是货轮上最好的处所了。每日三餐大鱼大肉，招待周到，却分文不取。”

港穗见闻

记者团抵达香港后逗留了大约十天，负责接待的是第十九路军驻港办事处的黄精一先生，以及许多香港抗日团体的青年朋友。曾圣提为壮观瞻，特地为团员制作了蓝呢制服，两排铜扣，外加领带革履，俨然海军军官。

香港当时左派势力相当活跃。庄先生印象非常深刻：“中共代表的张云逸先生常来旅馆看望我们。张先生体格健壮，满面风霜，一看便知不是城里人。他详细地向我们解释了共产党要求停止内战，建立统一战线，一致抗日的政策。没想到他后来成了新四军、解放军的风云战将。”

到了广州，记者团受到官方的热情欢迎，被安排住进一流的爱群大厦。省政府参议邢森洲（抗战胜利后出任国民党政府驻泰国首任大使）引导记者团拜访了军政大员。“当时的第四集团军总司令余汉谋将军亲自接见我们，还交代军部替我们准备了广州至武昌的一等火车票。曾追随孙中山先生加入同盟会并参加过辛亥革命、北伐战争的广东省政府主席吴铁城先生请我们吃饭，并与我们合影留念。这张摄于1938年1月8日的照片我一直保存着。”

记者团与吴铁城合影，右二为庄明崇（图片来源：人民网）

汉口建站

登上北去的列车，记者团一路风尘仆仆赶往武汉。“同车有一位在汉口河街开米栈的许老板，原籍广东普宁，是一位忠厚的长者，一路上与我们这几个年轻人相处甚好。到了汉口，许老板让我们把办事处设在他的米栈楼上，既不收房租，又免费供餐，有时还亲自剥虾为我们添菜。米栈门口挂上‘华侨战地记者通讯团团本部’的隶书大字招牌，显得很神气。”庄明崇老先生说。

当时陪都虽迁往重庆，但武汉实际是全国军政中心，军队调动大部分要经过这里，许老板的米栈常为过往军队霸占，不胜其扰。“自从记者团本部的牌子挂起后，再加上我们穿着蓝呢制服，那些蛮横的军人不知这是‘何方神圣’，再也不敢来打扰，连对门派出所的警察都对我们敬礼。”

“在汉口应酬频繁，记得《大公报》也看得起我们这些毛头小伙，设宴款待，该报三巨子（也是社论主笔）总经理胡政之、总编辑张季鸾和编辑主任王芸生等报界诸位老前辈都出席。”

抗战形势越来越紧，记者团决定分赴各地采访。团友辜洪涛去福建，黄某去海南岛。徐州正在加紧部署会战，庄明崇和纪志文、龙炎川、骆德露四人立即奔赴徐州。团长曾圣提和在汉口加盟的两位华侨张赫兹、李秀良留守汉口记者站。

奔赴前线

徐州是津浦、陇海两条铁路干线的交叉点，战略地位十分重要，中国军队志在死守。坐镇徐州的第五战区司令长官李宗仁，麾下部队号称三十万，有中央军、桂军、川军、东北军、西北军等。

“我们四人乘车沿平汉路北上郑州，再转陇海路东向徐州。在平汉段的列车上，我巧遇曼谷新民中学时的同学、祖籍广东梅县的华侨廖政武，真是喜出望外。廖政武告诉我，他刚毕业于黄埔军校炮科，决心去延安参加八路军，并笑说，若说破其事，他会被枪毙的。匆匆一别，从此再没有见面，听说他后来成为解放军的高级将领。”笔者告诉庄先生，廖政武将军后来担任过兰州军区副司令员。庄先生怅然地说：“也不知他是否还健在？”

“赶到徐州，我们即赴第五战区司令长官部办理战地记者证。主管军官帮助我们办证后，又发给我们少尉军服，并说可以配发短枪，但枪法不纯熟的人不如不带。他还告诫我们，在前线不必标示军衔，要处处小心，注意安全。这是我们上的战地记者第一课，之后我们四人便分手各奔前线去采访了。”

名将印象

徐州会战打响后，庄先生于 1938 年 3 月间陆续采访过战场上广东军的区寿年、中央军的汤恩伯、东北军的于学忠、西北军的孙连仲和广西军的廖磊等高级将领。他没有谈及采访的具体内容，只说起几位将军给他印象最深的一些片段。

“区寿年将军知道我的籍贯后，笑着说：‘你是潮州人，怎么敢到前线来？我被潮州新兵气死了，一来就想逃走，逃时连枪都带走了。’当时潮州征兵出现买壮丁、冒名顶替的丑闻。一些新兵是不务正业的二流子，逃回去后可以再卖身当兵得一笔钱。

“当我在汤恩伯将军的第二十军团总部采访时，他们得悉敌情，连夜转移。我随汤部一夜间进进出出三个村庄，天亮前才落脚宿营。汤将军特地叫副官让马给我骑，又对我说：‘这种地方不来也罢，你还是回后方读书好。’大概是因为我个子小，只有四十多公斤，像个弱书生的缘故。

“第三集团军总司令于学忠将军是东北人，热情坦诚，不摆架子。他把我当成他的客人，总认为华侨是很远很远的乡亲，常让我跟他和高级军官一起吃饭。

“孙连仲当时是第二集团军总司令，有西北军人的豪爽直率，他觉得华侨有特殊身份，曾经问我：‘你们华侨可以到鬼子那边去吧？’在采访之余，他还高兴地为我题字。”

徐州突围

徐州会战最高潮是 1938 年 3 月下旬至 4 月上旬的台儿庄战役。

“台儿庄内防守主将是孙连仲部的池峰城师长。日军包围台儿庄，中国军队四方增援形成反包围，内外夹击日军，取得台儿庄大捷。池峰城师在庄内先挨打后出击，伤亡惨重，我和龙炎川前往采访池师长时，一路见到死尸遍地，伤兵呻吟不绝。我们爬上一辆被击毁的日军坦克拍照，后来刊登在《暹罗华侨日报星期刊》上。战役期间我们采写了不少报道，通过汉口记者站发往南洋报界。

“正当我们陶醉在胜利的欢乐中，日军突袭徐州以西的砀山，切断陇海铁路，从西、南、北三面包围了徐州，只余东向连云港出海口。几十万中国军队面临反胜为败局面，各自突围。我们就近加入第十五集团军总司令关麟征将军的参谋处一同向西南突围。第一晚吃了不少苦头，情报不明，盲目乱闯，有两次误入日军火力射程内，灯光直照，机枪扫射，我们忙退走。幸而敌军分散，不敢穷追，我们才得以脱险。之后两天昼伏夜行，大部分时间奔波于河南、安徽交界的麦田里。一路上参谋处人员忧心忡忡，我们也只好得吃便吃，能睡就睡，好像天塌也不怕。最后遇到一支整编部队，乘他们的军车到信阳车站，改乘火车南下汉口，回到了自己的记者站。”

武汉历险

“徐州突围后，中国军队更处于劣势地位。所谓‘武汉保卫战’宣传大于实际。当局并不像徐州会战那样集结大兵团准备决一雌雄，只是尽量巩固武汉外围，争取

为重庆及大后方赢得时间而已。在敌机频繁的轰炸中，武汉军政机关逐渐向后方疏散。我们记者团本部也由张赫兹负责迁往桂林。骆德露与八路军驻武汉办事处的董必武先生接洽妥当，同另一位华侨奔赴延安。余下我和李秀良、纪志文、龙炎川游走于武汉外围，采访新闻、拍摄照片，寄往桂林本部。

“日军由九江沿长江两岸迫近武汉，一路似乎没有遇到认真的抵抗，武汉于1938年12月25日弃守。我于23日从汉口乘一艘破旧渡轮西撤，船上挤满军眷、散兵和难民。其他团友则设法乘火车南下，我们的目的地都是桂林。

“我乘的渡轮当天傍晚刚到三十公里外的排铺，忽有两架敌机飞来，轮番轰炸、扫射，船上顿时呼儿喊母乱成一片。敌机明知这是一只没有武器装备的民用船，仍肆意屠杀，造成不少伤亡！幸亏船长临危不乱，迅速将船驶向岸边，斜靠在距岸十几米的浅滩，活着的乘客纷纷跳水，挣扎上岸。这时天色已黑，寒风凛冽，我随身携带的简单行李物品都在混乱中遗失了。我穿着被浸湿的棉军服，随着人群找到邻近的区公所。那一晚住在一户农民家里，好心的大娘替我把衣服里的湿棉花抽掉，连夜烘干后缝成一套夹衣裤。她说儿子也是出去当兵的，问我有没有见过……次日区公所为我和一位伤兵安排了一只小船，沿江进入洞庭湖，一直送到岳阳，算是脱离了险境。”

后方轶事

由岳阳辗转经长沙、衡阳，渡湘水到达桂林，庄明崇与其他团友会合。

“当时桂林有许多抗日救亡工作队和各类团体。我们常参加由《大公报》范长江和《新华日报》陆诒领导的‘中国青年新闻记者学会’的活动。武汉弃守后，变相的投降论等消极论调抬头，很多人担忧抗战坚持不下去。而范长江、陆诒等人的言论非常积极，令人振奋。

“桂林遭日军空袭已是家常便饭。有一次救亡演剧队的表演艺术家金山和王莹来看我们，他们正在筹备出国到南洋一带巡回演出，募捐抗战。这时空袭警报骤响，我们赶紧跑到附近岩洞躲避。金山安慰王莹说‘别怕，有我在’，很有大丈夫气概。如果记忆不差，桂林国民党《扫荡报》有一位查良镛先生，文章写得很好。谁知半个世纪过去了，他竟成了香港的大儒商和武侠小说作家金庸。我虽不认识查良镛，但对查家一直怀着感恩之心，因为后来我去昆明读书，就是金庸的大哥、西南联大教务长查良鉴先生把我编进联大预修班的。

“在桂林游荡了小半年，觉得已失去战地记者的味道，又经不住远在曼谷的父母多次来信催促，即与沙场余生的记者团同伴依依惜别，互道珍重，赴昆明求学。

早在武汉就已熟识的著名作家、曾参加左翼作家联盟的白薇大姐为我给云南大学的楚图南教授写了一封介绍信，给我帮了大忙。楚教授是老一辈共产党人，非常爱护进步青年，他让我住在他家里，并积极设法为我安排学业。”

华夏情怀

抗战胜利前，庄先生回到阔别多年的曼谷，一面仍热心新闻事业，一面经营起佛事用的香烛生意。几十年来，他一直关心着中国的发展，在曼谷和一些华人老朋友聚会时，话题也离不开中国。

1990 年他赴中国旅游时，专门到汉口去寻找华侨战地记者团本部所在的河街，但听说河街当年毁于日军炮火，重建后面目一新，如今那一带已无人知道河街的名字了。此后他又多次赴华旅游，目睹了改革开放以后中国的蓬勃发展，对比当年的满目疮痍，他总要感慨：“变化实在太大了！”

（本文发表于 2003 年 9 月 1 日，选自人民网）

战地记者雷烨：手中相机就是枪

文 / 祁鹏娜

雷烨（1914—1943），原名项金土，学名项俊文，军名雷烨，曾用名雷雨、雷华、朱靖。浙江省金华市孝顺镇后项村人。中共党员。1938 年参加革命，12 月担任八路军总政前线记者团晋察冀组组长，兼任《晋察冀日报》社特派记者，后调任冀东军分区政治部宣传科科长、组织科科长等职，转战冀东前线，被选为晋察冀边区参议员并出席第一届参议会。1943 年 4 月 20 日牺牲于平山县南段峪石堂村，年仅二十九岁。2014 年民政部公布的首批著名抗日英烈和英雄群体名录，雷烨位列其中。

雷烨（图片来源：《石家庄日报》）

在抗日前线，雷烨以相机为武器，在枪林弹雨中拍摄下《行进在祖国的边城》《战斗在喜峰口》《熊熊的篝火》《日寇烧杀潘家峪》（组照）、《驰骋滦河挺进热南》（组照）等上百幅极其珍贵的战地摄影作品。他的摄影作品与他的文字作品一起，成为八路军浴血抗战史料中极为珍贵的一部分。

典卖家屋　奔赴延安

王海军退休前是雷烨希望小学的校长，他家祖祖辈辈都生活在南段峪村。雷烨牺牲后，王海军的父亲曾参加了雷烨的葬礼。“雷烨希望小学是 2003 年竣工的，是赵渭忠将军热心筹划的希望工程项目。为了纪念雷烨，学校命名为‘雷烨希望小学’，学校内有雷烨的雕像。”王海军说，看到雷烨的雕像，学生们经常会问起雷烨的故事。作为学校的校长，王海军通过走访村民和查阅资料，了解了很多有关雷烨的故事。他希望雷烨的精神能在这所以他的名字命名的小学里生根开花。

浙江省金华市孝顺镇后项村不大，紧邻浙赣铁路，雷烨故居就坐落在村子的南部。早年，雷烨在浙江省立第七中学读书，后因父母双亡，身为家中长子的他，不得不辍学回家，承担起了抚育四个弟妹的重担。开始他在家里种地，后来又去义乌埠头村当小学老师，到金华当土地测绘员，以微薄的工资养活弟弟妹妹。

1937 年 12 月 24 日杭州沦陷，许多机关、学校迁往金华，大批进步文化工作者、共产党人聚集这里，金华成了当时东南抗日宣传的中心。雷烨开始接触共产党人，对延安的向往与日俱增。后来，雷烨通过人介绍，认识了中华民族解放先锋队（简称“民先”）东南总队长童超，由童超介绍加入了民先。

在民先，雷烨积极工作。1938 年春，他终于如愿以偿，被民先推荐到延安中国人民抗日军政大学（简称“抗大”）学习。可要从金华去延安，舟车辗转，路费从哪里来？雷烨狠下心，典卖家屋，换来一百元银圆作路费。当年 5 月，安排好弟妹后，他就踏上了征程。

那一年，雷烨二十四岁。从此，他再也没有回过老家，家人和好友再也没有见过他。

挺进冀东　火线报道

“很多资料记载，雷烨在延安期间对革命工作也是极为热情的，他参加了大量社会活动，已经崭露头角。”王海军说。到达延安后，雷烨进入抗大四期学习，并加入了中国共产党。

1938 年 8 月 1 日，延安抗大举行抗大四期毕业欢送大会，毛泽东出席并致训词。雷烨写的通讯《创造抗战突击队员的斗争——抗大献给抗战一周年的礼物》《抗大同学毕业上前线》，以及拍摄的《抗大四期毕业欢送大会上毛泽东先生致训词》《参加欢送大学之学员》等照片，先后在《新华日报》发表，并配发了毛泽东的“学好本领好上前线去”“继续努力‘以求贯彻’——给抗大四期毕业同学。”等题词。

1938 年 5 月 21 日，抗大第四期开学，毛泽东题词“学好本领好上前线去”刊登在 1938 年 8 月 4 日的《新华日报》上（图片来源:《党史博览》）

抗大四期学员毕业后，为加强敌后新闻宣传，八路军总政治部选拔了一批政治和业务素质兼优的学员，组建前线记者团，雷烨被选中并被任命为第一组（晋察冀组）组长。1938年11月20日，第一组奉命首先开赴晋察冀抗日前线。雷烨率领四名战友跋山涉水，穿越重重阻隔，终于在12月下旬胜利到达晋察冀边区，受到聂荣臻司令员亲切接见。

雷烨的工作热情很高，一到边区就立即投入到紧张的工作中，写稿子，开座谈会，向大家介绍延安的文艺发展动向，同时了解边区的情况。受《抗敌报》总编邓拓委托，雷烨写了《谈延安文化工作的发展和现状》，从1939年1月1日至28日分十期连载在《抗敌报》上。

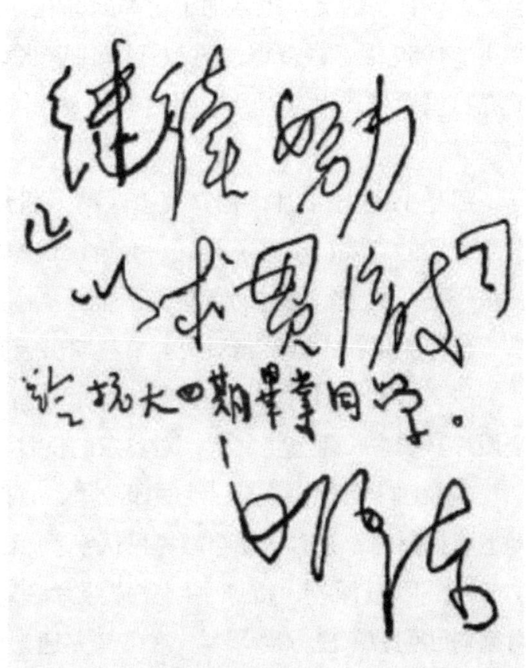

这幅题词刊登在1939年9月1日的《新华日报》上（图片来源:《党史博览》）

1939年5月前后，雷烨主动要求随军挺进到冀东抗日最前线，在极端困难和险恶的环境中，从事新闻采访报道工作。为了团结冀东文艺界人士，雷烨发起创立了文艺团体路社，创办了文艺刊物《路》《文艺轻骑队》《国防最前线》等，亲自担任部分编辑工作。这些刊物在人民群众和部队中都发挥了很大的教育作用，在冀东地区很有影响。

1941年，雷烨根据革命需要，先后担任冀东军区政治部宣传科科长、组织科科长。在完成繁忙的日常工作的同时，积极进行新闻采访，成为冀东从事摄影采访最早、报道成绩最突出的前线记者。他随军转战在长城内外、滦河两岸及热南伪满边境，拍摄了很多珍贵的战地照片，真实地反映了冀东军民抗击侵略者的英勇事迹，记录了日军烧杀掳掠、无恶不作的累累罪行。雷烨在冀东工作近四年，承担多种工作，贡献殊多，为此被选为晋察冀边区参议会参议员。

临危不惧　英勇牺牲

“雷烨牺牲后，当地很多村民都参加了他的葬礼。”南段峪村村支书杨社平说。

当时，杨社平的父亲也参加了雷烨的葬礼，雷烨的遗体被安葬在其牺牲处对面的山脚下。1959年春，雷烨的灵柩迁葬到华北军区烈士陵园。不过，雷烨烈士的纪念碑在村里至今还保存着，清明时节，一些村民还会去祭奠他，回忆雷烨英勇牺牲的故事。

那是1943年1月，晋察冀边区第一届参议会在阜平县温塘村召开，雷烨作为冀东分区的参议员出席了会议。会后，雷烨把他在冀东近四年来精心拍摄的照片送往位于平山县曹家庄村的晋察冀画报社。画报社社长、著名摄影家沙飞看后大为赞赏，当即决定在《晋察冀画报》第三期出版专辑，作为向画报社成立周年的献礼。

沙飞请雷烨留下来，为即将出版的《晋察冀画报》摄影专辑整理资料、编辑选定照片、撰写长篇纪实文章，对冀东的抗日斗争做全面报道。

“在我们当地很多老百姓的印象里，雷烨是一个很随和的人，见到老乡他会主动上前打招呼，有时候还会教村民认字。”王海军说。

4月19日深夜，雷烨刚刚完成照片选定和说明编写，突发敌情，数百名日军自南向北朝曹家庄方向奔袭。沙飞首先通知雷烨带领两个警卫员率先转移，同时指挥画报社人员迅速坚壁设备与资料，向敌人包抄尚未合围、兵力相对薄弱的西北山沟突围。但雷烨并未立即转移，他首先去察看了村民的转移情况，巡视中他发现有几百名村民转移到一处容易遭敌轰击的地方。他立即指挥村民转移到另一处相对安全的地方，并向张家川村党支部书记刘廉芳交代了有关注意事项。果然不出雷烨所料，日军疯狂地向原来村民的转移地点炮击，事后村民们既后怕又感激地说：“多亏雷烨的关照，不然还不知要死多少人哩！”把村民安置好后，画报社已经转移。

当时情况万分紧急，雷烨立即和警卫员想方设法一同突出重围。因为人地生疏，再加上天黑有雾走错了路，至20日拂晓当他们走到南段峪石堂村时，与尾随的敌人遭遇。交战中，雷烨和警卫员击毙敌寇十余名，但雷烨不幸负伤。在敌人步步紧逼的生死关头，他毫不犹豫地对警卫员说：“我来掩护，你们赶快突围！”警卫员执意不肯：“就是背也要把你背走，要死一起死！”雷烨斩钉截铁地说：“要死死一个，不能都死，你们快撤！不要管我！这是命令！”

雷烨让两名警卫员先走，他留在原地还击，以便吸引敌人的注意。他躲在山岬凹陷处，用手枪朝冲上山坡的敌人不断射击，但终因寡不敌众，身上多处受伤，直到弹竭势危。眼看敌人一步步逼近，他迅速把身上携带的文件全部撕毁，把心爱的照相机、自来水笔和望远镜忍痛砸碎，用最后一粒子弹结束了自己年仅二十九岁的生命。

战斗结束后，警卫员返回画报社述说了雷烨牺牲的经过。画报社的同志和村民

闻悉后，捶胸顿足，无不痛惜。

1943 年 5 月 10 日，《晋察冀画报》纪念雷烨专刊出版，发表了雷烨拍摄的五十一幅照片，刊登了冀东军区政委李楚离的《悼雷烨同志》一文。5 月 18 日，《晋察冀日报》推出纪念雷烨专页，刊登了总编肖斯（邓拓）的《恸雷烨》和副总编舒予（张致祥）的《悼雷烨同志》。随后，延安中共中央机关报《解放日报》刊发了雷烨壮烈殉国的消息。

雷烨用他二十九岁短暂的青春，生动地记录了中国抗日战争的光辉篇章。这些思想性、艺术性兼优的作品，不仅真实地向世界揭露出日军侵略中国的罪行，生动地记录了八路军在抗日战场英勇杀敌的场面，同时也极大地鼓舞了中国军民的抗日热情，犹如一把把利剑直插日军心脏。雷烨牺牲至今，纪念他的文章、书刊、影视作品从未间断。正如邓拓当年在《恸雷烨》文中写的：“你的精神，永远伴随斗争而长在！”

平山县南段峪村有一块雷烨烈士纪念碑，还有一所雷烨希望小学，就是在这个小山村，雷烨置生死于不顾，掩护战士撤退，宁死不当俘虏，用最后一颗了弹结束了自己年轻的生命。如果你问起雷烨，村里的很多人都知道：他曾典卖家屋筹得路费，奔赴革命圣地延安；他曾用手中的相机真实地反映了冀东军民抗击日本侵略者的英勇事迹，记录了日军烧杀掳掠、无恶不作的累累罪行……

（本文发表于 2015 年 7 月 17 日，选自石家庄新闻网）

留下人民抗战的历史画面

——访新华社著名记者李峰

文 / 郑德金　何　晏

著名战地摄影作品——《切断敌人的供给线》（图片来源：每日甘肃网）

这是一张拍摄于抗日战争时期的照片：漆黑的夜幕中，一双双明亮的眼睛注视着前方，一个个壮实的肩膀扛起铁轨，长长的铁路在民兵的手抬肩扛下离地而翻，这就是著名的战地摄影作品——《切断敌人的供给线》。摄影家称这张照片是“文献性”作品，军事学者把它看作是毛泽东的人民战争思想实践的“化石”。它至今仍被高悬在中国革命军事博物馆和卢沟桥抗日战争纪念馆里，几十年来一再被媒体报道，还被载入各种全国大型影展和国外的影展中，传遍全国，走向世界。

怀着对摄影者的崇敬和对这张照片背后故事的好奇，我们采访了作者李峰。李峰从事新闻工作五十多年，硕果累累。他曾担任过新华社国内新闻编辑部主任，领

导创办了“中华第一刊”——《半月谈》杂志，还主持创办了《经济参考报》。他的《中国第一根无缝钢管诞生了》《“一厘钱”精神》《桌子上唱起了大戏》《改革要唱进行曲》《放盐不多就能咸》等作品都曾受到广大读者的称赞。

如今李峰年已八十，但看上去依然健朗。一见面他就说：“单从支配自己的生命和眼球来说，我是一个‘厚今薄昔’的人。过去的成就，不过是过眼烟云，做好当今应做的事，才会超越昨天，迈上新台阶。”也许正是这样，过世的老社长穆青才会在为《李峰文集》做的序中说：“李峰探索着写了多种体裁的通讯，多种形式的杂文随笔，多方面内容的新闻论著，在抗日战争和解放战争中还拍摄了珍贵的战地摄影作品。”“他写的深度报道多，提出问题、解决问题的报道多，并以写政论式通讯和评述见长。他的好多报道对推动实际工作和鼓舞人心起了较大的作用。”

推向抗战前线

李峰的家在河北省藁城前西关村。在战火纷飞的年代，那里离日军的封锁线只有十五公里，环境比较恶劣。日寇有时把被抓的抗日志士杀害后吊在树上，妄图以此恫吓、阻止人民进行抗日。可在1940年，只有十七岁的在读高小的李峰还是加入了冀中军区七分区教导队，接受军政训练，并加入了中国共产党。后来，他又被选调到军分区的文艺训练班和冀中军区摄影训练班。摄影训练班的主任是我国著名摄影家石少华。李峰说：“听石少华讲课，我才知道世界上有‘摄影记者’这个字眼和职业。从此我开始走上新闻工作这条路。”

李峰学习和从事摄影的路并不平坦。他回忆说：“1942年5月，日军对冀中地区发动了一次拉网式的大‘扫荡’。为了便于和敌人周旋，非战斗人员的部队化整为零，化军为民。当时我们摄影班这些十七八岁的孩子，采取了‘认干娘’的办法，在当地建立‘社会关系’。我在几个村中就认了五个干娘。我们白天学习，晚上到关系户家里磨面、除粪、干活，真正目的是‘亮相’，让村里人都知道你是谁家的干儿子。万一被敌人抓住，干娘家可以说是‘自家人’，村里人当‘保人’作证。用如此的斗争方式，当地老百姓掩护了这支没有武器的部队。”

艰苦的摄影时光

斗争是残酷的，摄影班还是被敌人打散了。李峰无依无靠，和他在一起的，只剩下宋谦（宋钦）。为了能活下来，两个同年出生、同年入伍、同年入党，又同是冀中的青年只好沿街乞讨充饥，钻地道躲避敌人追捕。他们到老百姓家借了粪筐，双手使劲在粪筐的背杆上来回搓磨，把双手磨出茧子，为的是万一被日军抓住，手上的茧子可证明自己是个地地道道干活的老百姓。

李峰说："老百姓保护我们就像保护自己的孩子一样。我们每次进村沿街讨饭，老百姓一眼就能看出我们来，想方设法保护我们。有一天，一个老大娘看到我，说我很像她的一个儿子。她嘱咐我们从村西头出去，藏在树林里，待会儿给我们送饭。过了一会儿，她就擀了面条，烙了一个饼，送到村西口给我们吃。"

战争中的友情珍贵如生命，李峰至今没忘记他的好同学、好朋友宋谦，和他在一起的记忆总是历历在目。当时在宋谦家他们进行过挖地道的斗争，这是一种有效斗争方式。那时宋谦家有三间房，他们计划从北房的炕洞里向下挖；能坐一个人时，再往西挖；穿过山墙后，再往上挖，一直挖到驴槽下。可是还没等完工，鬼子就来了，而且就在宋谦家房子边设有一岗。他们都躲进地道中，地道中空气越来越稀薄，当时的情况十分危急，还好敌人很快就撤退了。但大家出来时，一个个都憋得脸发青。还有一次，两人走夜路迷失了方向，李峰的身体不好，无法再走下去了。李峰怕拖累宋谦，毅然提出让宋谦自己离开，不要再管他。但宋谦无论如何也不答应："要死一块死，我绝不能扔下你。"这样的深情厚谊，李峰一辈子都铭记于心。后来在一次突围中，宋谦受了伤，他们二人从此分手，再没见过面。谁能料到，这一分手便是永别，宋谦后来在冀中牺牲了。

李峰后来在参观一个影展中，偶尔发现了介绍宋谦生平的几行文字和一张巴掌大的半身像。此情此景，一下子勾起了他对这位把生命和自己铸在一起的战友的情谊。李峰的眼眶湿了，他无言无奈，只能请一位同志，给他和宋谦那珍贵的半身照片，照了张相，补了一张有生死之交的两个灵魂的合影。

回忆学摄影的时光，李峰感慨万分。战争时代的条件异常艰苦，身处穷乡僻壤，当地的民众根本不知摄影为何物，摄影所需设备器材也极其匮乏。当时的晋察冀画报社主任沙飞对于培养摄影人才、发展摄影事业，费尽心血。为建设规模化复制军事新闻照片、生产画报的印刷厂，没有厂房，就将牛羊圈搭棚改建；没有计时器，就把瓶子里装上沙子，再用棉花把瓶口塞住，倒置过来成了仿古式的铜壶滴漏；没有酒精，就用本地的红枣酒。冀中军区摄影班学摄影原理时，为了练好目测拍摄距离的基本功，大家行军、走路都在练习测距。就这样，他们毕业了。算下来，他们那期训练班，每个人只照了半卷胶卷。就在这样的战斗环境和困难的条件下，晋察冀军区培养了一代人。这在世界摄影史上，恐怕也是史无前例的。

拍摄人民抗战的场面

谈到那张名作——《切断敌人的供给线》，李峰至今仍记忆犹新。那是当年的

一个夏夜，他作为敌后晋察冀军区第二军分区的摄影工作者，跟随一个团，向敌占区山西省忻州南边的铁路沿线进发。这次军事行动的任务是破坏日军的供给线，扩大解放区，解救沦陷于日本侵略军铁蹄下的人民。

为了防止事先被敌人发现部队的行动，他随部队日宿夜行。连续两个夏夜的行军，非常紧张和神秘。部队尽量避开村庄，穿行于高粱、玉米和谷子结成的“青纱帐”里，以防止因路过村庄被暗藏的汉奸走狗发现。李峰说，夜晚旷野里静得出奇，偶尔有稀稀落落的蟋蟀的轻轻细语，只有天上的繁星在默默地注视着他们这支部队的行动。白天部队住在村里，设隐蔽岗哨，部队和村民任何人不准出村，来人一律不准再出去。这样，即使村子里有敌探或外来者中有汉奸，也无法出村报信。部队夜晚出发，先向东然后再向西，迷惑敌人。

他们要破坏的铁路沿线都有敌人拔地而起的碉堡，像一个个黑乎乎的“死神窝”，战士们叫它“乌龟壳”。铁道躺在两个碉堡之间，完全在敌人的视线和炮火射程控制之内。为了保证破路民兵的安全，部队先把敌人的碉堡围住，监视着敌人的一举一动，并布置好火力，封锁住敌人蹿出“乌龟壳”的吊桥和道路。万一被敌人发现，部队就可用火力把敌人封锁在“乌龟壳”里，保护民兵强行破路。

部队部署完毕以后，民兵用仅有的两把土造的大铁钳子，在一处拧开铁轨上的道钉。然后，指挥员用有力而又压到最低的声音，喊着齐心协力的号子：“一——二——三！一——二——三！”

为了尽可能不让敌人发觉，指挥员同李峰商量好，在完成破路任务的最后时刻再拍照。指挥员还特别告诉民工，要给他们照相，照相时的“火光”是自己人点的，不是敌人打来的，不要惊慌，不能乱跑。这种思想工作非常起作用，因为民兵都是老百姓，从来没见过镁光灯。拍摄那张照片时，李峰得到了那支部队的团政治处主任林真同志的协助。李峰说：“我和他约定，我喊‘一二’，打开相机快门，他划火柴，点燃闪光灯上的镁光粉。就这样，镁光粉在黑夜里突然闪射出一片白光，那铁路大翻身的生动场面，就被拍进了我的镜头。这时，指挥员立即发出了撤退命令。我们刚刚撤离现场，敌人的炮弹就对着闪射镁光的地方打来。有的战士诙谐地说：‘这是敌人欢送我们的礼炮。’”

李峰说，当时拍摄这张照片的时候，根本没有一点拍摄“名作”的念头，这的确是他生活在前线碰上的镜头。那时他这个毛头小伙子，只是觉得，老百姓能让敌人运兵、运军火的铁路翻身，这种场面太出奇、太壮观、太伟大了。它非常形象地显示了人民群众在人民战争中的伟大力量，所以他不怕冒任何危险，一定要抓住这个历史的瞬间，留下这伟大的人民战争的场面。

拍完这张照片以后，李峰便把底片交给了组织。中华人民共和国成立以后，这幅照片第一次在全国性画报上发表。当时有关编辑不知照片的作者是谁，还是当年在敌后根据地编发过这张照片的蔡尚雄同志告诉他们那是李峰照的。

李峰平时寡言少语，但说起抗日战争的故事，他变得很健谈。抗战胜利时，李峰正在五台山上随晋察冀军区第二军分区主力团采访。团长谢振荣带领他的团，正在封锁敌人的一个碉堡，执行围点打援的战斗任务。经过几天的封锁，部队切断了给敌人送水、送粮的路。谢振荣是个英雄式人物。他经过长征，打过无数次恶战，受过十几次伤。就在那次采访中，李峰为他拍了一张手拿望远镜，指挥部队作战的照片，照片显示出他一身的英雄气概和满腔的必胜信念。作品相当珍贵。可惜，由于战争环境多变，这张照片已找不到了。李峰向我们讲述的每个战斗故事、每个战斗场面，都像是一张张告诫人们“永远不要忘记过去”的老照片。

（本文选自《中国记者》2005 年第七期）

抗战新闻工作者雷行：记者要忠实地记录历史，勇于担当

文 / 方政军

在第十六个中国记者节到来之际，九十六岁的抗战老兵和新闻工作者、新华社湖北分社首任社长雷行在武昌东沙公寓勉励同行：“记者要站在时代前列、勇于担当，继承党的实事求是的优良传统，新闻报道要面向国际化，跟上时代步伐，特别是告诉年轻记者千万不要满足只发三百字的消息。”

新华社湖北分社社长梁相斌（左）和雷行同志点评当年的新闻报道（图片来源：新华网）

雷行原名袁相柱，1920 年出生于山东省泰安市南石沟村。他 1938 年加入中国共产党，同年进入延安中国人民抗日军政大学（简称“抗大”）学习。抗战时期曾任《晋察冀日报》记者、《察哈尔日报》副社长、新华通讯社鄂豫分社社长。中华人民共和国成立后，历任新华社湖北分社、河南分社社长，《湖北日报》总编辑、社长，《长江日报》社长，中共湖北省委宣传部副部长，湖北省新闻工作者协会会长，中共湖北省委党校校长等职。他的代表作品有通讯《血海深仇狼牙山》《今日黄泛区》《张瑞合作社》等。

见面后雷老高兴地向我们赠送了他的作品集《我的记者生涯》。现任新华社湖北分社社长、党组书记的梁相斌翻开其 1943 年 6 月 2 日的新闻《血海深仇狼牙山》导语念道：“四天紧张的反‘扫荡’后，我们重到巍峨的狼牙山下。碧绿的田野里，刻着敌寇的蹄印。村庄房屋被敌寇烧成焦黑了。插在墙里的木柱，还在依依冒着难闻的黑烟。街道上、田野里，凝结着同胞们的鲜血，漫飞着被敌寇宰杀了的鸡的羽

雷行同志向梁相斌、方政军同志讲述抗战采访经历（图片来源：新华网）

毛，一堆堆烧死的猪的肠子和皮，周围飞着苍蝇，发出刺鼻的腥臭。‘扫荡’开始的时候，日寇装腔作势地说‘只打八路军，不打老百姓’，可是事实是怎么样呢？”场景、画面、细节、历史背景，寥寥数笔，向人们展现了那个年代侵华日军的凶残。

雷行说，1943年春，日寇对晋察冀边区的北岳区进行大规模“扫荡”，一分区驻地易县狼牙山周围是其重点之一。“日寇撤退之后，我第一时间赶回菜园村，目之所及皆是断壁残垣和跪在亲人尸体旁哭喊的群众。日寇的暴行让我激愤不已。我倚靠在烧焦的土墙边，当即奋笔写下了控诉日寇罪行的长篇通讯《血海深仇狼牙山》。”该通讯先后被《晋察冀日报》和当时延安的《解放日报》、重庆的《新华日报》刊登。1944年，八路军总政宣传部在《苏联的军事宣传与我们的军事宣传》中对该通讯予以表扬。

雷行是见证张家口新华广播电台（后几经搬迁、更名，是中央人民广播电台的前身之一）的诞生的第一人。1945年8月8日，苏联对日本宣战。9日、10日、11日，毛泽东主席、朱德总司令接连发布命令，命令各解放区抗日武装部队向日本侵略军占领的城市和交通要道积极进攻，迫使日本侵略军投降。冀察军区部队担负解放张家口的任务，冀察前线记者团随军进行采访报道。当时，记者团由雷行任团长，团员有林明、王仁德同志等四人。8月25日，当雷行得到前线报告，在猛烈的进攻下，张家口的敌人已经溃逃。大家欣喜若狂，迅速向张家口进发。

8月，骄阳似火，记者团成员们个个汗流浃背。他们急行军进入张家口市区，张家口商会派人送来烙饼、大头菜和开水。他们匆匆忙忙吃了这样的晚饭，雷行和王仁德同志等奉命立即乘坐缴获的小汽车去接管日本“蒙疆放送局”（广播电台）。这样做，一方面是防止敌特破坏，另一方面可以尽快通过电台向全国人民广播，宣传党中央的政策、八路军、新四军胜利的消息，激励全国人民争取抗日战争的最后胜利。晚上8时多，雷行等人到了八路军“蒙疆放送局”。这时日本人早逃跑了，只有二十多个中国人等在那里。雷行按照延安总部的命令，以及我军接管城市的政策，向他们讲话，要他们拥护人民政府，服从八路军的命令，保护好机器设备，为人民服务。

接着，雷行又乘车前往张家口东南二十公里的宁远无线电发射台。赶去一看，只有三个中国人在那里看守。因为我军进攻迅猛，敌人仓皇逃跑，没有来得及破坏，机器设备保存完好。雷行当即决定由王仁德同志负责宁远发射台的工作，并派了部队警卫。深夜，雷行向张家口卫戍区政治部主任白文治汇报了接管电台的情况。首长当即决定，利用缴获的日本机器设备，建立张家口新华广播电台。日军侵占时，关键设备技术的操作不让中国人了解掌握，中国技术人员不会开动广播发射设备，雷行就鼓励他们大胆试用。林明懂一些无线电知识，他和技术人员反复摸索，多次试验，终于成功了，大家都非常激动。张家口新华广播电台以它强大的电波开始播音，张家口新华广播电台也由此诞生了。当天，就广播了八路军延安总部的命令，张家口卫戍司令部的通告，张家口市人民政府的布告，张家口解放后建立社会新秩序、恢复生产的情况，以及八路军、新四军胜利的消息。新成立的张家口新华广播电台，发射功率大，电台工作人员和陕北新华广播电台的同志用同样的频率互相祝贺、鼓励，激动万分。张家口新华广播电台的诞生，使得党中央的主张、部队胜利的消息，响亮地传播到全中国、全世界。

中华人民共和国成立后的首任新华社湖北分社社长雷行讲述了他在晋察冀边区做战地记者的经历。他说："1937 年 7 月 7 日，日本帝国主义发动了全面侵华战争，我和千千万万热血青年一样，毅然到延安抗大，投入到伟大的抗日战争中。" 1938 年 8 月，几经周折，十八岁的雷行抵达延安，进入延安抗大学习，结业后被分配到晋察冀通讯社，正式成为一名记者。后来，晋察冀通讯社与《晋察冀日报》合并，雷行就成了《晋察冀日报》社的记者。

雷行携家人在 2015 年记者节前夕与新华社湖北分社同志合影留念（图片来源：新华网）

雷行笑着解释为什么每次出去采访总是挎着两颗手榴弹："边区常有敌人'扫荡'，遇到紧急情况，一颗炸向敌人，剩下一颗与敌人同归于尽。"幸运的是，尽管他曾多次遇险，但每次都化险为夷。

雷行以晋察冀边区为阵地，奔走在抗战前线。1940 年春节过后，雷行前往雁北地区（平型关、雁门关之间）采访，目睹了在日寇占领之下，百姓流离失所、无以为生的惨状。此后，雷行撰写了揭露敌人罪行的报道《敌寇的寓禁于征》，引起强烈反响。1942年，雷行被派往晋察冀一分区做特派记者。期间，他采写的讲述一分区徐水县（今徐水区）张瑞同志创办供销合作社，粉碎敌人企图蚕食抗日根据地阴谋的《张瑞合作社》一文，引起了晋察冀边区领导和党中央的重视。延安《解放日报》还就此发表社论，赞扬他是“把群众的经济利益与群众的爱国主义结合起来的典范”。

如今，九十六岁的雷行依然笔耕不辍。他的女儿袁志群告诉我们，父亲很早就学会了用电脑打字，每天忙于写稿、搜集资料，为即将出版的回忆录作准备。雷老每天坚持散步两小时，今年才用上拐杖，虽然有点耳背，但眼睛不花，思维清晰，对历史人物和重大事件记忆深刻。

满头白发的雷行深情地说：“作为抗战时期的老新闻工作者，我对年轻一代记者的成长和新华通讯社的发展、对国家大事始终关注，我对大家寄予着殷切希望，相信我们的中国梦一定能够早日实现。”

（本文发表于2015年11月7日，选自新华网）

顾雪雍：屠刀吓不倒有骨气的记者

文/涂桂林

顾雪雍（图片来源:《中国新闻出版报》）

抗日战争时期，顾雪雍冒着生命危险采写了大量新闻报道。一个月前，九十三岁高龄的他，因身体不适在江苏常州住进了医院。作为一位历经磨难和战争洗礼的老报人，他仍然乐观积极，每天坚持阅读报纸杂志。

写出威武不屈的抗战精神

1938年，顾雪雍毕业于上海法政学院新闻系。在如火如荼的救亡呼声中，热血沸腾的顾雪雍担任由著名记者范长江、孟秋江领导的国新社的驻沪记者。由于国新社总社设在大后方桂林，在特务横行的上海，不能公开以国新社记者的名义进行采访活动，顾雪雍就参加了《大美报》和大中通讯社，在恽逸群等先辈的领导下，投入到火热的抗日斗争中。

顾雪雍说："当时的上海，敌伪势力猖獗，我们都怀揣着遗嘱，随时准备牺牲。"

一天，顾雪雍正在《大美报》编辑部写稿，忽然"轰"的一声巨响，一颗炸弹在隔壁的印机房爆炸了。紧接着便响起密集的枪声，子弹"嗖嗖"地从头上掠过，编辑部里的人立刻伏倒在桌子底下。枪声、炸弹声持续了十多分钟才停息。报社的三位印刷工人中弹倒下，印机房血迹斑斑，碎纸遍地。

顾雪雍还清楚地记得，日伪曾给《大美报》的副刊编辑朱惺公发了一封"判处死刑"的恐吓信，要求他停止抗战宣传。朱惺公发表《将被"国法"判处死刑者之自供》一文，严正宣告："余之头颅能得为无情之枪弹所贯，头颅乃不得谓为无价，头颅有价，死何憾乎！"不久，朱惺公被暗杀了，但其威武不屈的精神却鼓舞了上海人民更加勇敢地战斗下去。

顾雪雍把这些经历和见闻写成《群魔乱舞的上海》等多篇通讯，用假名“伍中”以密信形式寄给国新社，并在国内和海外许多报纸上刊出，引起了很大反响。

年轻时的顾雪雍（图片来源：《中国新闻出版报》）

冒着生命危险　进入敌占区实地采访

抗战时期，顾雪雍冒着生命危险进入敌占区实地采访，在国新社和上海报纸上发表了沦陷区报道。

在上海租界的虹口区，顾雪雍所见的沿街店铺都悬挂着写着日本字的招牌。在去沪宁铁路沿线采访时，他偷偷进入苏州、无锡、常州一带，这些原本繁华的地区已经满是断壁残垣。一位居民惊恐地告诉顾雪雍：“日军先头部队叫‘烧杀队’，到达时见人就杀，见屋就烧……”

在满目凄凉的城里，顾雪雍看见到处都挂着有太阳旗的“株式会社”和“洋行”。这些日本人经营的公司、商店，垄断了所有重要物资。中国人的大工厂大部分被日本人以“军管”或“合营”的名义吞并了。而沦陷区的报纸和学校，则被迫要把这一切宣传成是“皇道乐土”“中日亲善”“共存共荣”。顾雪雍回到上海，根据所见所闻陆续写了《“皇道乐土”见闻》《日本人对沦陷区的经济掠夺》，以及《日本人在沦陷区的奴化教育、毒化政策》《以华制华政策》等通讯报道，并秘密寄给香港国新社，再由他们转发给国内外报纸发表，在国内外引起强烈反响。

只要人不倒下　决不放下笔杆

随着抗战进入最困难的时期，日伪的恐怖活动不断升级，大中通讯社也成为日军袭击的对象。

1940 年的一天，一位共产党员记者外出采访时被特务绑架。大家知道危险正在逼近，便立即将通讯社搬到一条里弄中，像普通住家般隐藏着。但 4 月的一个傍晚，当大家正在工作时，忽然从窗外的弄堂里扔进来一块黄色的木块样东西，顾雪雍一眼瞥见这东西忽然“刺刺”作响，就下意识地惊叫一声：“炸弹！快跑！”大家

迅速跑出办公室，只听见“轰”的一声，办公室里弥漫了呛人的烟雾，一位没有来得及跑出去的事务员倒在血泊中。大家立即把他送往医院抢救，但终因流血过多而牺牲了。当晚，大家找了个旅馆，继续发稿。因为大家始终坚定一条信念：“只要人不倒下，决不放下笔杆！”在此后的日子里，他们经常迁移地址，但依然冒着生命危险，坚持抗日宣传。

日寇占领上海租界后，顾雪雍随国新社总社社长范长江撤退到内地，在昆明创办了《新报周刊》，担任社长，继续进行抗日宣传。顾雪雍说：“侵略者的屠刀，吓不倒坚强英勇的中国人民和中国有骨气的新闻记者，他们以杀身成仁、舍生取义的精神，前仆后继地坚持着抗日斗争，和全国人民一道直至抗战最后胜利。”

（本文发表于2015年7月22日，选自《中国新闻出版广电报》）

刘江：还保留着当年的铅板

文 / 洪玉华

刘江（图片来源:《中国新闻出版报》）

曾在《胜利报》、华北《新华日报》等报纸做编辑、记者的山西省委原宣传部副部长刘江今年已经九十六岁了。8 月 30 日，笔者打通刘老先生家电话的时候，电话里的他，声音洪亮，思路清晰。

刘江说，《胜利报》就是在他的家乡山西和顺县创刊的。1938 年 4 月初，日寇对晋东南地区发动了第一次大规模的“扫荡”战。当时的中共晋冀特委书记陶希晋在反“扫荡”胜利结束后，提出了要办一份报纸的设想。陶希晋请求朱总司令题写了“胜利报”三个字。当年 5 月 1 日，《胜利报》就在和顺县城边的园街村诞生。

《胜利报》是在被敌人彻底毁灭的一片废墟中诞生的，主要的内容就是抗日。《胜利报》要闻版是战斗版，反映战斗情况；第二版是群众版，报道地方建设、政权建设、民兵建设和文化建设等；第三版曾经办过副刊，刊登一些短篇小说，后来变成了文化版，刊登一些小通讯，文章大多是短小精悍的。

“那个时候可不像现在，有手机、电脑这么多先进设备。那时候没有任何文化生活，就这么一份报纸，大家获得战斗信息、阅读文章都得依靠这份报纸。”刘江说道。可是却不要小看了这份在炮火中发行的报纸，在刘江著的《烽火摇篮曲》中，笔者发现了这样一段文字：“1938 年冬到 1940 年秋，《胜利报》上曾开辟过两个连载的小专栏，一个是中篇小说《笼中鸟》，一个是连环画《毛三爷》。当时除了

文字稿件特别拥挤的个别情况外，每期《胜利报》上的第二版下栏，总要有四幅《毛三爷》的连环画与读者见面，宣传当时党放手发动群众，大刀阔斧建设敌后抗日根据地的各项工作。”

在那个每天面对无数艰难险阻的战争年代，刘江和他的同事们为了办好报纸想尽各种办法。报纸版面要力求花样繁多、图文并茂，照相制版却根本没条件实现，于是报头、专栏、题头、插画都用来丰富版面。刘江说：“更为重要的是，这些小小的美术点缀，都具有政治意义，它反映了广大人民群众抗日的心情和战斗精神。”

刘江告诉笔者，他至今还保留着一套当年印制报纸的铅板。这个小小的细节，让笔者感受到，他对当年战斗生活的深厚情感。

（本文发表于 2014 年 9 月 3 日，选自中国新闻出版网）

抗日英烈邹韬奋：杰出的新闻记者和政治家

文 / 李东画

邹韬奋（图片来源：《潇湘晨报》）

邹韬奋，原名邹恩润，祖籍江西余江，1895 年 11 月 5 日出生于福建省永安县一个没落的封建家庭。自幼聪颖好学，智力超人。父亲邹国珍奔忙官场，无暇顾及儿子的学业；母亲为了邹韬奋的前程，从并不宽裕的收入中拿出一部分钱为邹韬奋请了一位家庭教师。十三岁那年，母亲积劳成疾，过早地离开了人世。这对邹韬奋来说，无疑是一次重大的打击。“我要的是你的学业和前程”，母亲的临终嘱咐时时激励着邹韬奋。他加倍地发愤学习，以此报答九泉之下母亲的养育之恩。

1912 年，邹韬奋被父亲送到了工程师的摇篮——上海南洋公学（上海交通大学的前身）附属小学就读。由于从小酷爱文学，对新闻记者这份职业执着追求，他不久转入圣约翰大学读文科。当时，经济萧条，物价上涨，父亲失业，家贫如洗，所需费用全要靠自己解决。他用自己的勤奋刻苦取得了“优行生”的资格，因而免交学费。他利用课余时间做家庭教师，向报刊投稿，以取得低微的报酬，补贴生活费用。他在毕业时感叹道：“想到平日的苦恼，想到平日的奔波，想到平日筹措学费的艰辛，想到这一天所剩下来的三四百元的债务和身上穿着的赊来的西装，眼眶里竟涌上了热泪。”清贫的学生时代的经历对邹韬奋一生的发展起到了不可低估的作用。

1926 年 10 月，邹韬奋任《生活》周刊编辑，时年三十一岁。为了实现早年立

下的志愿，他放弃了薪水较高的职业，心甘情愿地把整个身心都扑在《生活》周刊的编辑、出版、发行等工作上。他曾这样说过：“《生活》周刊是能使我干得兴奋至极，能使我全部身心陶醉在里面的事业。”从此，邹韬奋走上了新闻出版的道路。

《生活》周刊是邹韬奋主编的刊物中最有影响的一份刊物。开办初期只有几个工作人员，整期文章都由邹韬奋这个“光杆编辑”包办。他用不同的笔名，撰写各种各样的文章。为写好每一篇文章，他采用“跑街”的方式，把书店当作资料馆，经常光顾，寻找读者需要的信息。一些外文杂志价格昂贵，他只得当场阅读，边读边记，整理成文。他身兼多职，既要握笔写作，又要亲自跑印刷厂、看校样，还要答复读者来信。他常常穿梭于工厂、农村、学校，获取丰实的材料，写出了在中国期刊史上首次系统地介绍孙中山的坎坷经历及辉煌成就的《听听中山先生的生活》。而以“落霞”为笔名的评述世界名人传记或轶事的文章更是广为传颂。

主持正义，反映人民的疾苦，揭露社会黑暗，这是邹韬奋奉行的办刊宗旨。他以这块小小的阵地替人民说话，言人所欲言，言人所不敢言。1930 年 10 月间，国民党军阀、安徽省政府主席陈调元，用搜刮来的民脂民膏在上海为他母亲做寿，花费达十多万元，极尽奢侈。对此，邹韬奋秉笔直书，写了《民穷财尽的阔人做寿》一文，以犀利的笔锋斥责了陈调元。第一次从国民政府要员身上开刀，披露透彻，淋漓尽致。很快，不可一世的陈调元成了众矢之的，声名狼藉。1931 年 8 月的一天，邹韬奋拆阅读者来信时，发现了一封揭露国民党交通部长兼大夏大学校长的王伯群利用权势，以数万元聘金纳该校毕业生保志宁为妾的丑闻，并以贪污所得，斥五十万元巨款在愚园路建私宅藏娇。邹韬奋阅后极为气愤，亲自前往探查，并请了一位极有经验的建筑师察看、估价，掌握了全部事实，一鼓作气地写出了文章，连同照片一起在《生活》周刊上公开发表，有力地揭露了当权者的腐败和社会的黑暗。

多年来，邹韬奋一直希望办一种合乎大众需要的日报，他说：“我生平无任何野心，只有一个理想，就是要创办一种为大众所爱读，为大众作喉舌的刊物，但是办好一种周刊是不够的，我们要创办一种真正代表大众利益的日报。”当他期待多年的《生活日报》出版时，他激动得一夜没睡，“独自拿着微笑，不禁暗中喜出了眼泪”。他一生先后创办了《生活》周刊、《大众生活》《全民抗战》等七种刊物，出版了几十本著作和译作。

九一八事变后，邹韬奋以极大的爱国热情加入抗日救亡的行列中。他利用报纸这一新闻媒体发表正确的言论以唤醒国人，共起救亡御侮。他还公开登报招募股款，支持抗战，同腐朽黑暗的社会势力做坚决斗争，并因此遭到国民党政府的忌恨。他们对邹韬奋采取软硬兼施的策略，一方面以生命危险威胁他，一方面以高官厚禄利诱他。但邹韬奋早将个人得失与安危置之度外，毅然为抗日救亡、追求真理日夜奔忙。1932 年底，宋庆龄、蔡元培、杨杏佛等发起组织成立了中国民权保障同盟，邹韬奋被选为执委。1933 年 6 月 18 日，中国民权保障同盟的总干事杨杏佛被国民党反动派暗杀，邹韬奋的名字也被列入了“黑名单”。无奈之下，邹韬奋登上了意大利邮船“佛尔第号”，开始了他的流亡生活。意大利的罗马、法国的巴黎、英国的伦敦、苏联的莫斯科、美国等地都留下了他的足迹。这一段坎坷的经历，历时逾两年，他把在国外的亲身经历和所见所闻汇编成书出版，这就是两部著名的通讯集《萍踪寄语》和《萍踪忆语》。1935 年 8 月底回国后，邹韬奋更坚定地投入到了抗日救亡运动中，被推选为全国各界救国联合会的执委。

正当邹韬奋和救国会领导人一起积极推动政府实行抗日救亡国策，为援助绥远抗日而奔走时，1936 年 11 月 22 日深夜，国民党政府以危害民国罪逮捕了他，同时被捕的还有沈钧儒、沙千里、史良、王造时、李公朴、章乃器，这就是轰动中外的“七君子事件”。

同年 12 月 4 日，邹韬奋等被押往苏州高等法院看守所，后来法院对邹韬奋等人提起了公诉，罗织了“十大罪状”，引起了全国人民极大的关注与反响。宋庆龄、何香凝发表声明，许多有名的律师争相表示愿意为他们做辩护律师。在法庭上，七君子和他们的律师们同法官进行了激烈的争辩，他们的大义凛然，义正词严，把审判长们弄得张口结舌，狼狈不堪。经过法庭上面对面的斗争和全国人民的声援，七君子于 7 月底出狱。

邹韬奋出狱后，立即创办了《抗战》三日刊，主编《全民抗战》，同时以国民参政员的身份对国民党投降分子做公开的、合法的斗争。他利用各种形式宣传抗日救亡，报道、介绍中国共产党及其领导下的抗日斗争，引导大批青年走上了抗日救亡的正确道路。

由邹韬奋创办的生活书店以推进大众文化，服务社会为己任，在短短的几年中，发展成遍及全国十四个省，拥有五十六家分支店的全国最大规模的文化阵地。然而，国民党反动派视他为“眼中钉”，寻找并捏造了三条“理由”对生活书店加以迫害。在不到一年半的时间里，五十六家分支店中有四十四个被查封。邹韬奋坚持抗战，坚持团结，争取民主，反对国民党政府对进步文化事业的迫害和摧残。抗战期间，他多次去中共中央驻重庆办事处，拜访周恩来等人。皖南事变后，他愤然拟了辞去国民参政员的电文稿。他在电文中这样写道：“一部分文化事业被违法摧残之事小，民权毫无保障之事大。国民参政会号称民意机关，决议等于废纸，念及民

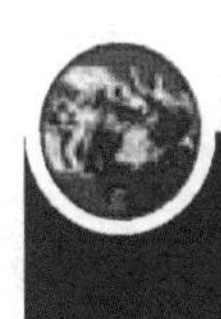

主政治前途，不胜痛心，在此种残酷压迫之情况下，法治无存，是非无论，韬奋苟犹列身议席，无异自侮，故决计远离。”电文对国民党反动派压制民主、残害进步文化事业做出了严正的抗议。

国民党政府发出了将邹韬奋就地惩办的通缉密令。为避免受迫害，邹韬奋历经艰险到达苏北抗日根据地。在那里他看到了中国共产党带领人民同敌人进行的艰苦斗争，进一步认识了中国共产党的伟大。他向往革命圣地延安，但因重病缠身不能如愿以偿。在党组织的护送下，邹韬奋秘密回到上海就医。上海党组织对邹韬奋的病情十分关怀，立即召开紧急会议，指示要想尽一切办法、不惜任何代价为他治病。

邹韬奋的病情日趋严重，疼痛难忍，每天靠打止痛针维持。尽管如此，他还是强忍病痛继续在病床上写作，未及完稿的《患难余生记》就是他最后的作品。重病期间，他仍“心怀祖国，着念同胞”。用他自己的话说：“以仅有一点微薄的能力，提着那支秃笔和黑暗势力做艰苦的抗斗，为民族和大众的光明前途尽一部分的推动工作，我要掮着这支秃笔，挥洒我的热血，倾献我的精诚，追随为民族解放和大众自由而冲锋陷阵的战士们，冒着敌人的炮火前进！”

1944年7月24日7时20分，伟大的爱国主义者、杰出的新闻记者、政治家和出版家邹韬奋与世长辞。他在遗嘱中说：“我自愧能力薄弱，贡献微小，二十余年追随诸先生，努力于民族解放、民主政治和进步文化事业，竭尽愚钝，全力以赴，虽颠沛流离，艰苦危难，甘之如饴……我死后，恳切要求中共中央严格审查我一生的奋斗历史，如其合格，请追认入党。”中共中央对邹韬奋给予了高度评价：“接读韬奋遗嘱，更增加我们的感奋，韬奋先生二十余年为救国运动，为民主政治，为文化事业，奋斗不息，虽坐监流亡，决不屈于强暴，决不改变主张，直至最后一息，犹殷殷以祖国人民为念，其精神将长在人间，其著作将永垂不朽。”

邹韬奋逝世后，中共中央接受了他临终的请求，追认他为中国共产党党员。许多党和国家领导人为他题词。1956年，人民政府决定在他生活和战斗过的地方——上海重庆南路205弄53号建立韬奋纪念馆，以志永久的纪念。

（本文选自中华英烈网，原标题为“邹韬奋”）

抗战烽火中的中国青年新闻记者协会

文 / 王大龙

今年是抗日战争胜利 70 周年，也是中国青年新闻记者协会成立 78 周年。在抗战形势下应运而生的中国青年记者协会，与中华民族一起经历了战争的浴火涅槃，它在抗日战争中的贡献也被历史所铭记。2000 年，经国务院批准，中国青年新闻记者协会的成立日——11 月 8 日被确定为中国记者节。

诞生于上海

1937 年 7 月 7 日卢沟桥一声炮响，中国人民抗日战争全面爆发。许多青年记者立即奔赴华北和西北战场，采访战时新闻。平、津沦陷以后，日军又在 8 月 13 日大举进攻上海，华东告急。上海新闻界同仁为积极推进新闻战线的抗敌斗争，为民族解放而努力，深感有进一步组织起来的必要。在这些活动中，许多热血的青年记者参与其中，积极贡献智慧，努力发挥作用。1937 年 7 月中旬，周恩来代表中共中央到上海检查党的工作，在会见胡愈之、夏衍等人时，指示要加强爱国新闻工作者的团结，组成统一战线。胡愈之、夏衍等同一些新闻界人士商讨后，认为应该在上海组织一个新闻工作者的团体。

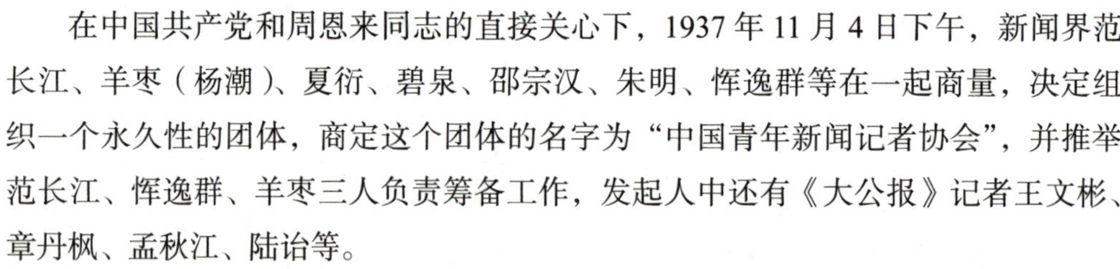

在中国共产党和周恩来同志的直接关心下，1937 年 11 月 4 日下午，新闻界范长江、羊枣（杨潮）、夏衍、碧泉、邵宗汉、朱明、恽逸群等在一起商量，决定组织一个永久性的团体，商定这个团体的名字为“中国青年新闻记者协会”，并推举范长江、恽逸群、羊枣三人负责筹备工作，发起人中还有《大公报》记者王文彬、章丹枫、孟秋江、陆诒等。

1937 年 11 月 8 日晚 7 时，在上海山西路南京饭店举行了中国青年新闻记者协会的成立大会，通过了协会的章程。作为协会发起人的夏衍、范长江、碧泉、恽逸群、章丹枫、王文彬等十五人出席参加。作为发起人的《大公报》记者陆诒、孟秋江因在山西战地采访，未能到会。在成立大会上，推举范长江、羊枣、碧泉、恽逸群、朱明等五人为总干事，夏衍、邵宗汉等人为候补干事，当时有会员二十多人。会议认真讨论了战事的发展趋势，认为因国民政府的中心已西移到武汉，有必要成立中国青年新闻记者协会武汉分会。会议授权范长江筹备武汉分会。

1938 年 3 月 30 日（一说 29 日）下午 2 时，中国青年新闻记者学会（简称“青记”）在汉口青年会二楼礼堂宣告隆重成立。出席会议的除上海、武汉两地会员代表外，还有长沙、广州、西安、成都、重庆、福建、香港以及南洋的会员代表。参加这次盛会的有中外来宾近百人。国际友人也来参加这次盛会，其中有苏联塔斯社的罗果夫、美国合众社的爱泼斯坦和美国记者史沫特莱。

大会通过了《中国青年新闻记者学会成立宣言》，选举了领导机构——常务理事会。范长江、钟期森、徐迈进当选为常务理事。当选理事的还有陈侬菲同志，他是不久前出狱的大革命时期的老红军，不仅善于执笔写文章，还能带兵打仗、英勇杀敌。

在战火中成长

青记会员们始终紧握自己锋利的武器——笔，忠于职守，战斗在推动抗战、捍卫国土的新闻岗位上。在敌人残酷的轰炸、破坏下，大后方的记者，克服异常困难的物质、技术条件，始终不懈奋斗。在战区，英勇无畏的青记会员冒着枪林弹雨，不畏艰险地在前线采访，并编辑出版报纸，宣传抗日，坚定了敌占区广大群众胜利的信心。

1938 年，范长江、陈侬菲、胡兰畦（从左至右）在武汉中国青年新闻记者学会讨论工作（图片来源：《光明日报》）

青年记者纷纷奔赴前线，争当战地记者。卢沟桥事变时，青记创始人陆诒首先进入宛平城，在十四年全面抗战中，他约有四年在战地奔波采访。他足不停步，手不辍笔，亲临现场采访，成为一名出没于枪林弹雨的战地记者，写下了众多记录战争的篇章，如《傅作义热泪盈眶》《马兰村访萧克》《朱老总胸有成竹》《周恩来派我见陈诚》《访叶挺》等，战地纪实《娘子关激战》《踏进台儿庄》《热河失陷目击记》等。

南口战役时，青记发起人孟秋江亲临南口山上，与最前线战士共生死，写出了

《南口迂回线上》的动人文章。保定战役时，战地记者方大曾为了写《永定河上游的战争》一文，随部队驻守保定。后保定失守，退至蠡县，他仍向后方来信说：仍当继续北上，以达成最初的决定。这位可爱的新闻战士最后失踪。《大公报》记者邱溪映报道了平型关大战。女记者胡兰畦报道了上海保卫战，写出了《大战东林寺》一文，赞颂了守军坚强的战斗精神。南京会战中，最后退出南京的记者萧韩渠牺牲了。

徐州会战中，全国三四十个记者布满了以台儿庄为中心的战场，厦门《星光日报》记者赵家欣，《暹罗华侨日报》记者蔡学余，新加坡《星中日报》记者黄薇，华侨记者团纪志文、庄明崇、龙炎川等，菲律宾华侨记者组成记者团，活跃在泰山、运河之间的战场上。徐州突围时，数十位记者历经百般艰难，分头突出重围，回到武汉。中央社记者刘尊棋、范世勤始终坚守在淮河流域和大别山之间，不离岗位一步。《新华日报》记者陈克寒遍历山西战场，考察了晋察冀边区，写成轰动一时的小册子《晋察冀边区模范根据地》，这本书大大坚定了民众抗战的信心。九江战役中，菲律宾《华侨商报》记者张幼庭被炸死在江中。《新华日报》记者陆诒坚持在湘鄂赣山区，真实报道了艰苦奋战的将士们。《新华日报》记者李密林、潘美年、陆从道在撤退中，所乘的船被敌机炸沉，以身殉职。《鄂北日报》的胡绳、楚云，《新华日报（华北版）》的何云、陈克寒，始终战斗在敌后。

1937 年，徐盈作为《大公报》战地记者，转战山东、山西、陕西。在五台山八路军总部随军期间，采访了朱德、任弼时，撰写了《朱德将军在前线》《战地总动员》的通讯，并写了《抗战中的西北》一书。

这些只能是挂一漏万，还有无数可歌可泣的新闻战士和感人事迹。他们的作品朴实无华、真切翔实并且具有感染力，极大地鼓舞了军民的斗志，也为中华民族的反侵略战争留下了一个个生动感人的镜头和一页页珍贵的史料。

在困境中奋斗

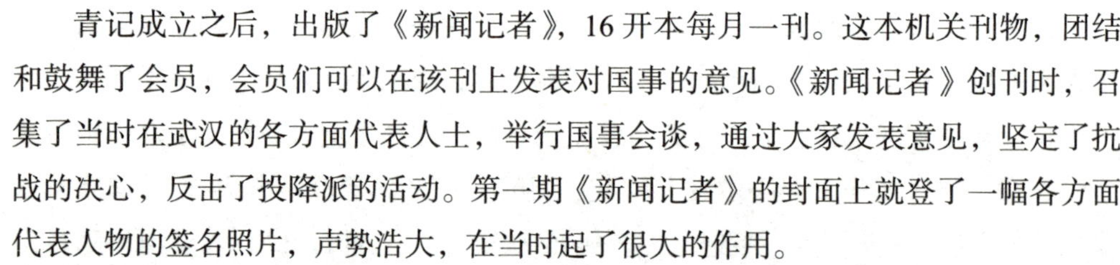

青记成立之后，出版了《新闻记者》，16 开本每月一刊。这本机关刊物，团结和鼓舞了会员，会员们可以在该刊上发表对国事的意见。《新闻记者》创刊时，召集了当时在武汉的各方面代表人士，举行国事会谈，通过大家发表意见，坚定了抗战的决心，反击了投降派的活动。第一期《新闻记者》的封面上就登了一幅各方面代表人物的签名照片，声势浩大，在当时起了很大的作用。

范长江在《新闻记者》上写了不少文章，在《建立新闻记者的正确作风》中，他特别指出：“有了健全高尚的人格，才可以配做新闻记者。新闻记者应当是社会所

《新闻记者》创刊号（图片来源：《光明日报》）

敬重的人物，如果在人格上有了根本的缺点，就不能算作新闻记者。”他认为：“作为一个新闻记者，一是必须绝对忠实，必须以最客观之态度，从事新闻工作；二是必须生活于自己正当收入的工作中，绝不拿任何方面的一个铜板的津贴。”这两句话后来成为青记会员们共同的信条和守则，许多人受到极大的教育，在后来几十年的新闻工作道路上，一直把它当作座右铭。

《新闻记者》由范长江担任主编，从第二期开始，实际由朱楚辛做具体工作，冯英子帮助看稿、写文章。《新闻记者》顽强地在武汉出版了七期，在长沙出了第八期，辗转到桂林出了第九、第十两期合刊。虽条件一期比一期艰难，但内容一期比一期充实。

在那个乱纷纷的武汉，青记做了很多事。10 月 19 日是鲁迅逝世的纪念日，由青记发起，举行了纪念会。与会者真正做到了化悲痛为力量，他们不是哭丧着脸纪念我们新文化的先驱者，而是畅谈如何学习鲁迅英勇奋战的精神。周恩来同志也参加了纪念会，他说：“鲁迅姓周，我们都是绍兴人。我来参加纪念会，不是因为同姓同乡，而是因为他是我们共同战斗的同志，他是中国新文化运动的旗手，也是为中国人民求独立自由、谋幸福的闯将……”周恩来的讲话深刻地影响了每一个人，特别是对于青年记者更有教育意义。后来，有人建议，青记的会员之间不应当称先生，而应该称同志。

青记一开始就注意团结广大新闻工作者，增强新闻界的团结。为了帮助前方将士解决精神食粮，在武汉保卫战前夕，青记还设立了战地报纸供应部，把《新华日报》《大公报》《武汉日报》等报纸送往前线。每次开招待会、报告会，或者欢迎会欢迎会友从前线归来，总是尽可能把各报记者一起请来，消除各报记者之间的隔阂，增强新闻界的团结。

青记总会还建立了记者之家，在汉口长春里临时租了几间房子，接待从前线回来的战地记者。大家在一起写稿子、译电码、发电报，取长补短，互相合作。在长沙、重庆等地都有过记者之家。

武汉失守后，陈依菲和范长江退到了长沙。

长沙大火后，中国青年新闻记者学会退到了桂林，并在桂林设立了南方办事处，陈依菲任主任，办事处只有一个主任、一个秘书、一个会计、两三个干事。生活待遇，从干事到主任一律每人每月二十元。

桂林是一个美丽的城市，以山水甲天下著称。名山胜景，大家没有空闲去欣赏，工作多得很，经常忙不过来。不久，范长江、胡愈之、孟秋江、邵宗汉等都到了桂林。范长江对夏衍说："青记一定要做一点实际工作，办一个通讯社，可以发挥青记在各地会员的力量。青记在延安和晋、冀、鲁、豫都有会员，可以通过这个通讯社向国际宣传处供稿，向香港、仰光等地一百五十多家海外报刊供应稿件，提供战地通讯，冲破国民党的新闻封锁，把解放区和国统区的真实信息发往香港、南洋和海外的其他侨报，为争取团结抗战、民主进步尽一点力量。"

范长江的想法已经酝酿了很久，在武汉时就经过章汉夫请示过周恩来同志，周恩来表示赞赏。范长江的意见很快得到八路军驻桂林办事处主任李克农同志的支持，经范长江、胡愈之、张铁生、陈依菲等人的反复讨论，确定了两条基本原则：一是政治上坚持抗战，反对投降；坚持团结，反对分裂；坚持进步，反对倒退。二是范长江和主要负责同志都以爱国民主人士的身份和国民党、民主党派、桂系联系，争取公开合法。

国际新闻社（简称"国新社"）于 1938 年 11 月在桂林正式成立，青记的各地分会也就成了国新社的各地分社。这是继中国青年新闻工作者学会成立之后，中国新闻历史上又一个有着重要意义的事件。因为它是在国民党统治区内，由中国共产党领导的通讯社。青记是一个统一战线的群众团体，国新社则是一个革命新闻事业机关。

国新社有一百多名社员，很多是文化界的知名人士，负责总社的胡愈之、范长江、黄药眠等本身就是写作能手。通讯员从一百多人发展到三百多人，基本队伍是青记的会员。

那时，《救亡日报》也迁移到了桂林出版。《新华日报》在桂林成立了办事处，发行航空版。国民政府军事委员会政治部第三厅的部分同志也到了桂林，八路军办事处正式公开成立。周恩来、李克农、徐特立等同志都先后到桂林。桂林成为长沙大火以后一段时期的政治、文化中心，也成为国际反法西斯的文化聚集地，留下了许多国际名人的踪影。一些国际文化单位举办时事图片展览，以直观、动人的图片，激励民众的抗战热情。来自世界各国正直的文艺家，把战争、艺术、生活融合起来，为消灭法西斯，以笔代枪，创造出极富战斗性的文艺作品。

法国东方问题专家、著名记者李蒙夫妇与《泰晤士报》驻美国纽约记者窦丁先

生，是第一批踏上中国大地的西方新闻战士。他们一到桂林，就受到青记和当时在桂林的《新华日报》《救亡日报》《中央日报》《扫荡报》和中央通讯社等同行的热烈欢迎。广西大学文法学院邀请李蒙做了《法国青年的苦闷与中国青年》的演讲，其夫人做了《来华的目的和感想》的演讲，受到广大师生的欢迎，引起了强烈反响。上海沦陷以后来到桂林的英国记者杰克做了《日军占领下的上海》的报告，将日军蹂躏下的上海人民亡国奴般的生活进行了详细描述，内容催人泪下、激人奋战。德国女记者王安娜应邀参加在华日本人民反战同盟西南支部的招待会，在会上用流利的汉语倾吐了自己反战的心声："我有许多欧洲的朋友，也有许多中国、日本的朋友，希望大家共同为和平而努力，打倒破坏和平的法西斯分子。"

苏联国营电影制片厂摄影师、莫斯科《消息报》驻华特派记者卡尔曼来桂，《大公报》《救亡日报》《广西日报》等新闻单位的记者前往寓所采访，卡尔曼当即发表了对广西的观感和在各战区的见闻。他说："现在全体苏联人民，都睁着他们的眼睛，热切地关注中国的英勇斗争，他们看到日本法西斯在中国的残暴，看到中国人民，尤其是青年战士如何在艰苦中反抗，他们一直要看到日本法西斯被中国消灭，中国获得胜利那天的狂欢。"卡尔曼在桂林拍摄了新安旅行团及广西学生军第一团的训练和生活的新片，献给桂林人民和世界人民。

日本反战作家鹿地亘将他的所见所闻写成长篇报告文学，连载在《救亡日报》上。此后，美国《纽约时报》驻华特派员、著名戏剧评论家爱金生，日本的绿川英子等名人在桂林都写下过轰动一时的反战文章。

作为中国青年新闻记者学会的海外部主任和香港分会的总务部主任，恽逸群多方联络海外各国华侨报纸的记者、编辑，动员他们参加青记，并在华侨中宣传抗日和进步思想。所有的海外青记会员到香港时，他都派人接待，为他们解决住宿问题。为了提高青记在香港的影响力，他除了定期组织青记会员的集会活动外，还以青记香港分会的名义，创办了香港第一所新闻学校——中国新闻学院。

在大大小小各种聚餐会和座谈会上，激荡着许多卓识谠论，新闻文化界人士胡愈之、茅盾、陶行知、邹韬奋、乔冠华、范长江、夏衍、陈依菲、斯诺、爱泼斯坦等，民主党派人士梁漱溟、沈钧儒、何香凝、黄炎培等，多次与会，各抒所见，求得共识。

1941 年 5 月，恽逸群、茅盾、邹韬奋、范长江、金仲华等九人联名发表了《我们对国事的态度和主张》的声明，要求坚持抗战，反对投降；坚持团结，反对分裂；坚持进步，反对倒退。这一声明除在港刊出外，还通过国新社用中、英文发给海外华侨报纸和外国报纸，揭露了国民党的反动宣传。1945 年抗战胜利，国新社在上海和香港等地恢复工作，继续为中华民族的解放、民主和自由而奋斗，直到1949年中华人民共和国成立。

薪火相传

1941年皖南事变后，因为青记始终坚持中国共产党的路线，国民党对之恨之入骨，终于在1941年4月28日将青记封闭了。但青记的延安分会、晋西分会、冀中分会、晋察冀边区分会等分会的活动一直坚持到抗日战争胜利。

青记延安分会成立大会（图片来源:《光明日报》）

青记延安分会成立于1938年11月6日，成立大会在延安边区文化协会举行。延安分会登记的会员有七十多人，每位会员交纳会费国币（即法币）两角。分会还决定出版会刊，每半月出版一次，经费由解放社、新中华社、边讯社给予补贴。

1940年，抗战正酣，中国青年新闻记者学会的陆诒同志跋山涉水冲破敌人的封锁线，从重庆来到晋察冀边区，带来了中国青年新闻记者学会写给晋察冀边区新闻工作者的一封信，信中表达了远在千里之外的大后方的青记无时无刻不在关心着边区战地记者的工作、生活情况的心情，也为敌后新闻工作者的成功和胜利而受到鼓舞。信中高度评价了边区的新闻工作，在最艰苦、物质条件最缺乏的情况下，开拓了广大敌后新闻领域，在中国新闻事业的历史上，写下了最光辉的一页。陆诒同志专程来边区的目的，就是要帮助边区建立青记分会。

1940年3月10日，青记边区分会成立大会在阜平第一高小隆重召开。边区新闻工作者数十人到会，这是个大团圆的会议。会上，邓拓做了国内外形势的报告。他广博的学识、深刻的思想博得了与会者的好评。邓拓讲述了边区新闻工作的任务和努力方向，敌后的新闻工作者应该整肃舆论阵营，加强舆论引导，保障舆论自由，报道应与敌后战争紧密配合，特别应与边区军事政治任务相配合。《新华日报》记者袁勃，文艺工作团的周而复、草明祝贺青记分会的诞生。大会选举邓拓等九人为理事。

青记总会被封后，青记活动也从未停息。同志们安全转移到其他地方，革命的火种撒向四面八方，燃烧起革命斗争的熊熊火焰。青记两千多名会员继续在各自不

同的岗位进行不懈的斗争，一直坚持到全国解放。

青记总会虽然只生存了短暂的三年半时间，但它是中国爱国进步的新闻工作者的一面旗帜。当我们纪念它诞生78周年的时候，我们感到它的民族利益高于一切的信念，它的激扬、凛然的爱国主义精神，它的办实事、求实效的艰苦朴素作风；它的讲团结、求大同的工作宗旨，是留给我们的一笔宝贵的财富，我们应该不断地咀嚼，吸收其中丰富的养分，在今天的和谐社会建设中发扬光大。

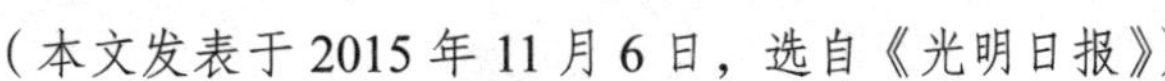

（本文发表于2015年11月6日，选自《光明日报》）

抗战烽火中的新华社

文 / 姜　潇

抗战，是中华民族发展进程中饱经沧桑的一章，也是新华社历史上光辉灿烂的一页。诞生于抗战烽火中的新华社，在整个十四年的抗战岁月里，投身到全民族抗战的滚滚洪流中。以笔和镜头为武器，参与、见证并忠实记录了这场伟大的斗争，为抗日战争的胜利写下了浓墨重彩的篇章。

时代的喉舌，抗战的号角，一篇篇报道鼓舞抗日军民信心

1931 年 11 月 7 日，伴随着中华苏维埃共和国的诞生，红色中华通讯社（简称“红中社”）宣告成立。土墙瓦房，条件艰苦，年轻的新闻人在抗战的硝烟与战火中起航。

1937 年 1 月，为适应全国抗日民族统一战线的新形势，根据中共中央决定，红中社改名为新中华社，简称新华社。

新华社成立后，播发了大量关于日本进攻中国、东北义勇军和抗日联军奋起抗战的消息。此后十四年的抗战岁月里，正是通过新华社的红色电波，将中国人民抗日战争的伟大进程，传遍大江南北。

1937 年 7 月 7 日晚，卢沟桥的隆隆炮响，震动了每一个热血沸腾的中国新闻工作者。

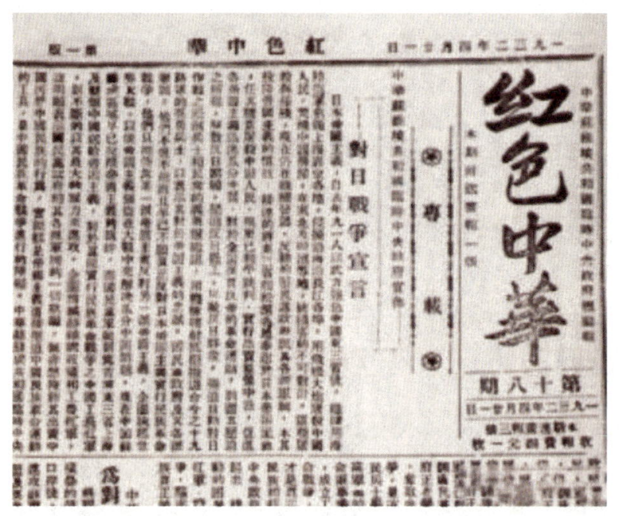
紅色中華
第十八期
一九三二年四月廿一日
專載
對日戰爭宣言

《红色中华》报 1932 年 4 月 21 日刊登的《中华苏维埃共和国临时中央政府宣布对日战争宣言》（图片来源：新华网）

当晚，新华社电台抄收到这一消息后，当时的编辑向仲华、左漠野立即向毛泽东同志做了汇报。毛泽东同志看过后，叫秘书拿来一张地图放在桌子上，用放大镜查看。随后对他们说：“你们今晚要继续抄收这方面的消息，不要遗漏，有什么消息，随时送来给我看。”

“全中国的同胞们！平津危急！华北危急！中华民族危急！”第二日，新华社受权播发了著名的《中国共产党为日军进攻卢沟桥通电》，号召“全中国同胞、政府与军队，团结起来，筑成民族统一战线的坚固长城，抵抗日寇的侵略”，向全国民众表明了中国共产党抗战到底的决心，发出了战斗的号角。

南京大屠杀、河北丰润潘家峪惨案、施放毒气和病毒残害中国军民……面对日寇侵华战争的种种暴行，新华社予以坚决的揭露和痛斥。饱含着中国新闻工作者的满腔爱国热情，从平型关大捷、百团大战，到淞沪会战、台儿庄战役……一篇篇激情昂扬的战地消息、通讯和评论，一张张震撼人心的新闻照片，对促进全民族团结抗日、激发斗志，发挥了积极作用。

1945 年上半年，欧洲战场传来捷报。中国解放区战场上，也在为夺取最后的胜利发起攻势。延安清凉山上，新华社的工作人员更为迎接即将到来的胜利而兴奋地忙碌着。

8 月 15 日，日本正式宣布无条件投降，新华社编发出一条急电，通告全国。在连续播发抗战胜利消息的同时，新华社和《解放日报》报道了延安各界热烈欢庆抗战胜利的活动。记者海稜在新闻特写《狂欢之夜》中，生动地反映了延安群众狂欢的场面。

“新华社的建立和发展是同中国革命事业分不开的。”新华社老社长吴冷西曾这样说过。在整个抗日战争时期，新华社在党中央的直接领导之下，发挥了它在新闻战线上的作用。在党中央的统一集中领导下，为抗日战争的最后胜利而奋斗！

积极宣传党的抗战主张，担负起党的新闻宣传重任

党和人民革命事业的最大利益，是新华社一切工作的准则。特别是在国难当头、民族危亡之际，宣传中国共产党的抗日民族统一战线政策、鼓舞全民族团结抗日，始终是新华人的使命。

《中国共产党抗日救国十大纲领》《为抗战两周年纪念对时局宣言》等党的重要文件和声明，《论持久战》《新民主主义论》《论联合政府》等毛泽东同志的重要著作，都是经由新华社，传播到全中国乃至世界的。

1944 年 10 月 4 日，毛泽东同志到清凉山看望《解放日报》和新华社全体工作人员时说："党中央对各地的领导和指示，除了一些日常性的指示外，一切大政方针都是通过《解放日报》和新华社传达到各地、各阶层人民中去的。中央了解国内外情况，有许多来源，但主要还是靠《解放日报》和新华社。"

坐落在延安清凉山上的新华社办公窑洞旧址（图片来源：新华网）

抗战期间，毛泽东同志不仅多次在新华社电讯稿上"圈圈点点"进行修改，还亲自为新华社撰写新闻稿和评论。其中，著名社论《质问国民党》，以及《中国共产党中央革命军事委员会发言人为皖南事变对新华社记者谈话》《中共"七七"宣言在重庆被扣》等，都是中国新闻史上闪烁着时代光芒的名篇。毛泽东也被新华社工作人员亲切地称为"新华社的首席记者"。

新华社还在延安城内的时候，毛泽东同志时常在夜晚十一二点由警卫员提着马灯陪同到新华社来，看当天抄收的国内外电讯，一面看，一面问。

抗战时期，新华社迅速广泛搜集国内外的重要信息，发挥着党中央的"耳目"作用。由于战时条件有限，再加上干扰，当时报务员抄下的外电质量很不稳定。为破译"天书"，译电人员经常切磋讨论，苦练业务技能，最终摸索出了抄报规律。这些抄收的国内外重要消息，使党中央"不出门而知天下事"，为制定对内对外政策提供了重要的依据和参考材料。

"一二·九运动"后，新华社连续向中央报送了有关运动情况和背景的参考报道，中央最后决定派刘少奇同志到北方局，恢复华北地下党的工作并领导国统区的抗日救亡运动。新华社的参考报道为中央做出这一重大决策提供了重要依据。

一手拿笔，一手拿枪，抗战中的新华人英勇冲锋在前

不但会写文章，还要会打仗；白天打游击，晚上写消息；自己背着油印机和笔墨纸张，辗转于斗争前线——这是抗战中的新华人工作、生活的真实写照。他们冲锋战斗在对敌斗争的最前沿，在战火中坚持采写新闻和收发电讯，很多同志为革命事业献出了宝贵生命。

何云、李竹如、郁永言、黄君珏、沈蔚、戴烨……这些为国捐躯的新华人中有分社负责人，有深入一线采访的编辑、记者，还有技术和后勤人员。各岗位、各工种的新华社工作者，用青春和生命谱写了一曲曲壮烈的新闻战歌。

八十八岁的新华社高级编辑成一感慨万千：“新华社的名字，代表了我们的一生，体现了我们的价值。我们在感受幸福的同时，不禁深深怀念那些为新华社事业英勇捐躯的烈士，深深怀念那些把一生献给新华社却未能看到今日盛况的战友。”

深入实际、深入群众，调查研究。党的新闻队伍在战火中成长，涌现出一批优秀的新闻工作者和新闻佳作。范长江的《苏北根据地观感》《苏北建设突飞猛进》、穆青的《雁翎队》、李峰的《切断敌人的补给线》……既是那个时代的不朽名篇，也是代代新华人学习的榜样。

伴随事业的迅速发展，抗战时期的新华社机构逐渐健全，队伍也在不断壮大。从红中社时只有主编、编辑两三个人，到抗战胜利时，总社工作人员达到一百余人，并在各解放区建立了一系列分支机构，新华社事业已具有相当规模。来自各地的新闻信息每天源源不断地汇总到延安总社，又由这里通过电波发往全国和全世界。

在那异常艰苦的岁月里，新华社克服重重困难，履行职责，不辱使命，完成党和人民赋予的新闻宣传重任，为中华民族的独立和解放事业作出了应有的贡献。

（本文发表于 2015 年 8 月 31 日，选自新华网）

抗战烽火中的红色号角

——《大众日报》创刊号解读

文/黄晓霞　申红梅

1939年1月1日，《大众日报》在沂水县城西四十余里的王庄——中共中央山东分局、八路军山东纵队指挥部驻地创刊。《大众日报》的创刊，开创了山东报业史的新纪元，并在中国现代新闻事业发展史上占有重要地位。其创刊号现存于临沂市档案馆、沂水县档案馆及沂水县云头峪村《大众日报》创刊地纪念馆。

创刊号基本内容

《大众日报》创刊号报头标题为武中奇书写，放在报头中间。右报耳刊登“坚持抗战，克服困难，准备进攻”的口号；左报耳为本报订阅办法及本报广告价目。

大衆日報

堅持抗戰
克服困難
準備進攻

應該警惕的二十八年的第一天

發刊詞

《大众日报》创刊号（图片来源：《大众日报》）

创刊号四个版共发表文章、通讯、消息、广告、启事等七十四篇。一版头条文章是《应该警惕的二十八年的第一天》。一版正中间是发刊词。并附有两则启事：一则说明由于印刷机还没有完全整理及补充起来，所以暂出三日刊，争取不久成为二日刊以至日刊；二则说明青年报社同仁全体参加大众日报社工作。

创刊的艰难过程

1938 年 12 月，中共中央山东分局成立后，急需一个阵地来宣传分局的大政方针，《大众日报》作为山东分局的机关报就应运而生了。

创刊时，摆在《大众日报》首任社长刘导生和总编辑匡亚明面前的困难很多，一无人员，二无设备。中共山东分局书记郭洪涛亲自动员，沂水当地的进步报纸《青年报》的全体同仁加入《大众日报》的工作中，并带来重要办报物资：一部收音机、一部油印机、两部电话机和纸张。山东分局大力支持，专门给报社配备了十几名青年干部，加之《青年报》的十个人，《大众日报》初具规模。就这样，1939 年 1 月，在抗战的烽火硝烟中《大众日报》创刊号诞生了。

由于物资缺乏，大众日报社成立时连个像样的编辑部也没有，第一任社长刘导生和总编辑匡亚明就在借来的民房里办公。报社设有编辑室、营业部、印刷厂、电务室等部门。编辑室有编辑五人，主任马民，营业部由刘力子负责。当时并无完善的发行系统，营业室在沂水县夏蔚设报社总发行处，在沂水县黄山铺、蒙阴县坦埠设代销处，报纸一部分由代销员销售，另一部分交山东纵队交通总站送各地八路军办事处代销。印刷厂设在王庄村北四公里外的小山村云头峪，厂长是于一川，指导员是郭克刚。当时印刷厂有破旧的四开机、脚蹬机各一部，还有一些残缺不全的铅字。有老工人十余人，练习生十余人。电务室负责人是刘承塾，只有三名实习报务员和一部收报机。

由于战事频繁，报社被迫不断转移。从创刊至 1947 年 10 月 19 日，报社机关设在临沂地区境内的八年零十个月又十九天，就经历了抗日战争和解放战争两个历史阶段，先后辗转于临沂的九个县，计三十余个村庄。《大众日报》在战争环境中一直坚持出版，因特殊情况不能铅印时，就出石头印、油印报或书页式小报。整个抗战时期，《大众日报》是中共山东分局机关报；1945 年中共中央华东分局成立，一直是华东局机关报；1949 年，华东局南下，山东分局成立，改为山东分局机关报；1954 年，中共山东省委成立，由此改为山东省委机关报，相承至今。

大众报人既是办报队，也是战斗队，在反“扫荡”的时候，报社组织了游击大队，一是为了保卫报社，二是为了发动群众进行反“扫荡”。和敌人遭遇是常有的事。1941 年 10 月，日军调集了五万兵力对沂蒙山区抗日根据地大举“扫荡”。11 月下旬，《大众日报》第一战时新闻小组被迫转移，11 月 30 日拂晓，走到大青山时，不料陷入了敌人的包围圈，新闻小组在战斗中被冲散了，三十多位同志除个别突围外，其余全部壮烈牺牲。这就是山东抗战史上壮烈的“大青山突围”，同时也是《大众日报》历史上最大的一次牺牲。战争年代，大众日报社有五百三十余名干部、职工在工作和战斗中英勇捐躯，这在中国报业史乃至世界报业史上都是极为罕见的。

群众的巨大贡献

历史不会忘记，为了《大众日报》的诞生和发展，沂蒙山革命老区的群众做出了巨大的贡献。一百六十多位沂蒙乡亲在战争年代，为了帮助报社埋机器、藏纸张、掩护伤员而壮烈牺牲。他们中间有老人，有孕妇，也有未成年的孩子。报纸从印刷、发送到设备保存，报社干部职工从生活起居到战斗转移，无不得到群众的倾力支援。

《大众日报》创立时，报社是房无一间，地无一垄，报纸都无处可印。报社印刷厂所在的云头峪村最新的房子是牛庆禄家的。牛庆禄三个月前刚刚盖了新房，娶了媳妇，新房子小夫妻才住上不到百天。村妇救会主任陈忠芳找到牛庆禄的新媳妇刘茂菊，说道："八路军为了打鬼子，把印刷厂设在咱村，需要房子装机器……"一听是为了打鬼子，刘茂菊二话没说，马上张罗，与丈夫一起和公婆挤在一间屋里。

报社在云头峪村招聘摇机员，这是个极耗体力的工作，时年四十多岁的张之佩因身体强健成为当然的人选。临近出报时，报社经过慎重考虑，又决定派张之佩做交通员。于是，1938 年 12 月 31 日深夜，那个穿着蓑衣、挑着装有三百份报纸的担子，行走在云头峪王庄风雪路上的人，就是张之佩。从此，张之佩每隔三天就会风尘仆仆地挑担送报，每次都要穿越敌人的封锁线，将报纸送到山东分局、山东纵队指挥部……吃苦受累，且多次历险。他是《大众日报》数百位交通员的一个代表，《大众日报》在沂蒙深山出版，就靠交通员们越过千山万水，冲破种种险阻艰难，发往全省各地及大江南北和革命圣地延安。

由于根据地缺乏物资，油墨、纸张、铅字等都是通过地下党从济南、泰安等地历尽曲折弄来的。有一年夏天在转移的时候，铅字装在一个箱子里，放在小车上推着过河，没想到小车碰到河里的石头，一颠簸，箱子翻到了河里，铅字全都撒出来了。一个个铅字散落在河中，有些还被河水冲走了，而转移的时间又很紧张。得知这一情况后，村民们立即到河里捞铅字，就这样一个字一个字把铅字全部捞了出来。

《大众日报》的创刊是当前革命传统教育的生动素材，《大众日报》作为迄今全国连续出版时间最长的党报，忠实记录了山东人民在党的领导下进行的可歌可泣的奋斗历程，是山东革命和建设史诗的一部分。《大众日报》七十余年的历史，是一代代大众报人及老区群众艰苦卓绝的创业史，是不断开拓进取的发展史，是每一个大众报人，乃至每一个山东人、每一个中国人都值得自豪的光荣历史。

（本文发表于2013年10月28日，选自《大众日报》）

硝烟中高扬必胜信念
——旧报纸里的抗日战争

文 / 云从龙

抗战的硝烟和血泪已经渐行渐远，但是，那场令中国付出了伤亡三千五百万人、直接经济损失超过一千亿美元的战争到底是怎样开始的？中国军民是怎样奋起抗战的？最终又是如何取得胜利的？笔者有幸从一份名为《江西民国日报》的旧报纸中找到了痕迹，当年那些关于抗战的新闻报道，今天读来，依旧有一种无比鲜活的现场感。可以说，它们是我们今天重新审视抗战最为可靠的历史素材之一。

《江西民国日报》（以下简称“《日报》”）为《民国日报》的地方版，创办于1929年4月，止于1949年5月，是民国时期江西存续期最长的新闻报纸。

抗战初起，反应迟钝，盲目乐观，错判时局

抗战初起时，《日报》已经办了将近十年，是当时江西最重要的一份新闻报纸，本省和国内外大事都能及时从这份报纸上读到。然而，令人诧异的是，在1937年7月7日的卢沟桥事变爆发之后，该报的反应却相当迟钝，甚至根本没有预见到这是一场持久的战争。

1937年7月7日深夜，北平发生卢沟桥事变，两天后《日报》在第二版首次以“平西日军突向我挑衅，卢沟桥中日军冲突”为题做了报道，同时又刊发《卢沟桥事变：南京牯岭均极重视》《日军挑衅远因近因》《日军在卢沟桥挑衅之详情》《我方向日严重抗议，要求制止军事行动》等文章，通版追踪这一事件的进展。《卢沟桥事变：南京牯岭均极重视》一文记叙了南京国民政府对此事发表的看法：“深望日方立即制止军事行动，根据正确事实，即日和平解决，以免事态扩大，而增加两国调整邦交之障碍也。”除此之外，并未见南京国民政府有实质性措施。

江西民國日報

盧溝橋中日軍衝突

1937 年 7 月 9 日，《江西民国日报》首次报道卢沟桥事变（图片来源：《江西日报》）

种种迹象表明，卢沟桥事变发生得非常突然，以至于当时的南京国民政府根本没有足够的时间去应对。在此之前，《日报》屡有对日本国内经济、政治、军事等状况的报道，但并未意识到它会在很短的时间内对中国发动全面侵略战争。例如，7 月 6 日，《日报》援引中央社文章，称“在对外贸易逆势下，日本黄金滚滚外流，在扩军下贸易入超无法解除，大藏省又准备第六次金输出”。该报道只是简述了日本在经济方面遇到的巨大困境，并没有更进一步分析其不断恶化可能给亚洲安全带来的灾难。

此外，从《日报》上来看，卢沟桥事变发生前后国内似乎一片政通人和的气象，没有任何要打大仗的征兆。7 月，蒋介石正在庐山避暑，时不时召见政、经、文、卫等各界要人，商议国家大事，也与汪精卫互相拜会，“畅谈甚欢”。孔祥熙则在美国优游，希望能“促进中美两国友谊”（1937 年 7 月 5 日《日报》）；何应钦、顾祝同在重庆接受川康军事整编，甚至连白崇禧也表示要在不久的将来“北上谒蒋”（1937 年 7 月 6 日《日报》）。

国内“政通人和”，疏于备战，在这种情况下要如何应对卢沟桥事变呢？ 7 月 10 日，《日报》继续追踪卢沟桥事变，并根据中央社电文做出《中日双方同时撤兵，卢沟桥事变昨解决》的报道，次日又报道《日军又向我军挑衅，卢沟桥今晨又发生战事》，12 日又有《中日大局益趋恶化，平郊及卢沟桥今晨激战》《昨日下午约定撤并，日军又食言进攻》《我外交部昨日发表声明，盼望日本立即撤兵》《东京空气极端紧张，准备撤退在华日侨》等报道，此后，类似报道仍旧见诸报端。从这些内容中，笔者发现，在当时的情形下，无论是民众、政府抑或报纸本身，都没有预见到这是一场旷日持久之战的开端，更没有做好抵御侵略的军事准备。相反，在卢沟桥事变发生之后，求和之心倒是显得十分迫切，这一点和日本明显不同。7 月 14 日，《日报》报道，卢沟桥事变之后，日本已经宣布进入战时状态，并迅速进行了全国总动员，这显示出日本对这场战争是蓄谋已久的。而中国面对这种情况，不仅没有立即发起战争动员，甚至还婉拒了民众及社会各界的慰劳，表示目前尚是小范围冲突，不便接受各界劳军。甚至，当日军攻陷北平之后，中国军方仍旧认为和平有望，中日冲突可以通过谈判来解决。7 月 18 日，《日报》报道了蒋介石、汪精卫等人组织召开的牯岭战事座谈会，从这一报道中不难看出当时决策者的心态：

牯岭十七日电：庐山谈话会第二次共同谈话，十七日晨九时，在图书馆礼堂进行，陆续到参加人梁实秋、张忠绂等，其余一如昨日，谈话会邀集人汪主席、蒋委员长，于九时先后到会，首由汪主席报告三中全会以后外交情形，次由蒋委员长报告，参加人胡适、林宰平、马君武、张君劢等，各有意见发表，记者综合观察政府对华北最近事件态度，不为求战而是应战，十一时一刻散会，第一次谈话本日结束，今明邀集人将邀集参加人分别谈话。

“不为求战而是应战”，这一精准的概括，两天之后果然正式出现在了官方提供的通稿中。7 月 20 日，《日报》援引中央社电文，指出针对卢沟桥事变，政府有确定的方针，那就是“希望和平而不求苟安，准备应战而决不求战”。

但局面并没有朝着南京国民政府期望的方向发展。7 月 30 日，天津被日军攻陷，和平彻底无望。这时，蒋介石才发表了措辞强硬的谈话，表示将“发动整个计划领导全国奋斗到底”“尽全力负全责挽救危局”，但为时已晚，最佳的战略机遇期已经错过。8 月，日军直驱南下，进犯上海，全面抗战的序幕彻底拉开。

关注本土，直播前线，传递信心，提振民气

日军攻陷上海、南京之后，时局急转直下，《日报》上对抗战的报道也开始增多，并且随着战局的进一步扩大，呈现出日常化的态势。一直到 1945 年抗战胜利，该报都在及时报道有关抗战的各种新闻和资讯，成为江西省抗战舆论宣传的一个重要媒介。

总体来看，在 1938 年到 1945 年间，《日报》关于抗战的新闻报道集中在三个方面：对本省重大战役的连续追踪报道，江西省政府迁往泰和后全省、全国抗战及同盟国反法西斯战争的报道，抗战进入相持阶段后的舆论宣传和战争动员建设。

根据笔者的检索，《日报》首次报道江西遭受日军侵犯来自 1937 年 8 月 19 日。这一天《日报》第三版刊登了短消息《昨晨黎川发现敌机三架》，称：“昨日晨一时许，本市鸣空袭警报，全市市民，时黑甜正浓，闻警咸从容起身，靖以应付，直至三时许，始长笛一声，解除警报，各市民于是又相率重温梦乡，沉着镇定，绝无慌张恐怖状态，事后探询，闻系是时黎川上空，发现敌机三架，时值该地倾盆倒注，敌机不易飞行，故而折回云。”此后有关日军空袭江西的新闻屡见报端。而有关于

重大战役、会战的报道则更多，但就报道的重点来说，又因为全国战局中心的变化而出现偏转。具体来说，1938 年上半年的新闻报道，多集中呈现以台儿庄战役为代表的山西、河北等北方地区抗战的情况，到了下半年，报道重点转移到了武汉会战，并随着战场形势的变化，逐渐聚焦到发生在本省境内的战事报道。从 1938 年 9 月开始，《日报》每天在头版“直播”薛岳部队在万家岭一线与日军锯战绞杀的最新进展。这些新闻报道，与战事初起时的迟钝、侥幸、厌战心理截然不同，字里行间，无不流露出一股“中国必胜”的信念，令人振奋。如 9 月 6 日《马回岭我军转进新阵后，完成包围敌军事形势》、9 月 9 日《南浔线正面我军全线反攻获得大捷》、9 月 22 日《我军血战六昼夜，田家镇形势顿稳定》、9 月 26 日《田家镇全线血战展开》、10 月 6 日《我空军对敌大规模轰炸，罗信公路战事剧烈》、10 月 8 日《德星线锯战我军奏捷，隘口迄在我固守中》。10 月 10 日，万家岭战役取得决定性胜利后，《日报》在头版刊发《国庆日晨传来捷音：赣北前线我军大胜》一文，对当时的情景做了详尽叙述：

国庆清晨，赣北前线传来佳音，使国庆多一庆祝胜利节目。本市人心振奋，爆竹声迄夜不绝。七年来（“七年”意指九一八事变至 1938 年——笔者注）国庆日在本市，此次尤为最热烈者……国庆前夕，我奋力进攻，厮杀至昨晨，卒将敌完全解决。残敌幸免一死，向西北力逃，仅二三百人，敌遗弃军械满山岭，我军现正清扫战场。是役为赣北空前恶战，亦为空前胜利，经此一役，残敌已不堪一击，德安亦复屹然不可动摇矣。

万家岭大捷是抗战以来中国军队奋起反抗日本侵略者所取得的一次巨大胜利，对凝聚人心、团结抗战起到了非常积极的作用，加之取得大捷之日正好是“双十节”，因而对全国抗战的意义尤为特殊。《日报》在第一时间内将捷报传递出去，无疑是履行了一个新闻媒介的天职。三年以后，另一场发生于江西境内的重要战役——上高会战拉开序幕，《日报》依旧予以全面的追踪和“直播”，及时向国人传递战场捷报，再次履行了自己的新闻使命。

外察国际，内应军政，务求职守，宣传抗战

1939 年 3 月 27 日，南昌沦陷，江西省政府迁移至泰和县。从这时起到抗战胜利，《日报》上有关中日战争的报道出现了一些变化。

首先是报纸版面及内容设置。从此时到抗战胜利，《日报》基本为每日四版，第一版刊登各类广告、启事及社会各界的分类信息；第二、第三版主要为国际报道和国内报道交替进行，国内新闻又有江西本土新闻和全国新闻，涉及抗战、民生、经济、社会、教育、卫生、文化等各个方面，但以抗战为第一；第四版为江西本省新闻报道或副刊。相比之前的报纸，这一时期的《日报》思路更为清晰，视野更为开阔。这些报道，让人能明显感觉到中国并不是孤军奋战，而是与世界爱好和平的人民一起抵抗侵略者，这对民众树立抗战必胜的信心无疑起到了鼓励作用。

其次，在这段时间内，《日报》中的国际新闻在整个报纸版面上尤为显眼。国际新闻一般转载中央社的消息，主要围绕英、法、苏、美等主要同盟国的战况及德、意侵略者在欧非战场的战略推进而展开报道，如德国闪击波兰、英国对德国宣战、苏德战争、缅甸远征军、珍珠港事件、莫斯科保卫战、美国在广岛和长崎投下原子弹等二战中的重大事件都能在报纸上看到明确的报道。以发生于 1941 年 12 月 7 日的珍珠港事件为例，12 月 9 日，《日报》转引中央社电文予以报道，标题为《日本竟自取灭亡，冒险对英美宣战》，10 日则以特大标题《应惩侵略维护和平，我对日德意宣战》，表明中国政府对珍珠港事件的立场，11 日再次以特大标题发出《彻底消灭人类蟊贼，共奠世界永久和平》的报道。1941 年 12 月 10 日，《日报》发表了题为《善尽我们的责任》的社论，其中指出："我们应当认定今后东亚的战争，已经绝不是中日之间的战争，也不仅是日寇与中美英间的战争，乃是全世界反侵略的民主国家与侵略的轴心国家大战的一部分，中国事实上已经是这种神圣抗战的主要的一员，我们制裁强暴，维护正义的责任，自然（是）与时俱进的。"

相比之下，此时国内新闻无论在篇幅还是内容上，都不及国际新闻繁多和丰富，版面安排上也没有国际新闻靠前和显眼，这样的安排，应当与抗战进入相持阶段后国内萎靡不振的战局有关。这段时期内，报纸对民众来说就像一颗定心丸，捷报当然可以振奋人心，但相持不下、此消彼长的较量实在难令国民笑逐颜开，于是只能借助国际上有利的局面来提振信心。1942 年 1 月 1 日，《日报》在第三版刊出《一年来之本报》的社论，其中写道：

> 本报同仁深知战时新闻工作，职责艰巨，外须把握国际变化之所趋，内应忠于军政设施之报道，务求发挥"宣传重于作战"之效能。一年以来，夙夜匪懈，不顾一切物质上之困难，务期尽其最大之努力，俾对抗建大业之推进有所贡献。

宣扬国策，全民动员，树立信心，固念求胜

"宣传重于作战"可谓抗战期间《日报》的最大特色，这一点，在抗战宣传和战争动员建设方面表现得尤为突出。

《日报》中最早的战争动员和抗战宣传出现在 1937 年 10 月 3 日，这一天报纸在第二版刊出《全省各界总动员，扩大乡村抗敌宣传，普及闾阎激发人民共起图

存》一文，称全省正在制订抗战动员宣传计划，“仅先从教育界学生推动，刻正拟定整个计划，并征集有关抗敌图书，举行救国循环画展，从本市开始，轮赴全省各县市村庄，同时印制抗敌宣传标语多种，随带散发，新闻文艺以及戏剧音乐等界，亦统一步骤，分任报纸文字戏剧歌咏等宣传，俾激发人民共同图存云”。到了1938年，报纸上开始出现抗战副刊及社论，如1月7日用半版刊发了“抗战特辑”，内有诗歌、评论等；1月9日刊出社论《一九三八年的展望》，内称：“一九三八年开始了！第二期的战斗已在开展。这期的抗战，是国家和民族存亡最后的大决斗，亦是和敌人的总清算。因此，全国四万万五千万同胞应该都是战斗的一员，而且要坚定必胜的信念，这是我们应有的认识。”1月10日刊发《在长期抗战中中国人应有的信念》；1月11日刊发《战时粮食管理问题》；1月13日刊发《战时经济之途径》；1月16日刊发《人力之贡献》；1月19日刊发《心理上的国防》。这些社论都极具针对性，密切商榷战时各种社会问题，有的社论切中利害，入木三分，显示了报纸的胆识和眼光。1月23日，《抗敌》副刊创办，每周一期，专门刊登与抗战有关的评论、诗歌、小说、散文、版画等文艺作品，这是七七事变后《日报》创办的第一个抗战副刊。在一段时间内，《抗敌》副刊成为该报“文艺救国”的主要阵地。此外，还相继出现了抗战特刊，如1938年3月20日《江西文化界抗敌扩大宣传大会特刊》、4月11日《南昌市兵役宣传周特刊》、6月1日《南昌市青年学生联合会拥护抗战建国宣传日第一特刊》、8月20日《慰劳伤兵周刊》、9月18日《九一八纪念特刊》等。这些特刊的出现，表明随着战争的持续扩大，战争动员和抗战宣传的力度也在不断加大，抗战已不仅仅是军人的本分，而且是全民的责任，新闻媒体作为舆论宣传的重要载体，开始扮演起更加重要的角色。

1939年江西省政府南迁泰和之后，以各种副刊和特刊为代表的《日报》抗战宣传达到了一个新的高潮，诸如《文山》《江西妇女》《星期集纳》《前矛》《文摘》《社会服务》等都是这一时期非常有影响力的副刊。这些副刊虽然关注的社会问题或言说对象不尽一致，但总体的目标都是为了助力战争动员，鼓励人民团结抗敌。其中值得一提的是《前矛》，该刊自1939年10月24日发行“新第一号”起（之前已办了一百二十六期），一直到1945年7月第二十九期休刊，共办了一百五十八期，是抗战期间《日报》上存续时间最长的文艺副刊，其主要刊登以宣传抗战为主旋律的评论、诗歌、小说、散文、游记、绘画、书法、音乐等，是研究江西抗战文学的一个非常重要的窗口。

副刊及特刊的大量出现折射出江西的战争动员及抗战宣传在某种程度上进入了“最高级别”。《日报》作为当时颇具影响力的一份报纸，自然要肩负起新闻救国、文化救国的重任。这对全体报人来说，是义不容辞的责任。另外，就这些副刊及特刊的内容来看，涉猎广泛，包含了当时民众日常生活的方方面面，并调动了社会各个阶层的人们参与其中，集聚了强大的人心和力量。

1945 年 8 月 15 日，日本侵略军发表声明，宣布无条件投降。消息传到江西，开明书局宁都办事处立即在 8 月 16 日的《日报》头版登出“庆祝抗战胜利，廉价一星期”的图书促销广告，以示庆祝。在第二版，刊登了裕仁天皇“为后代子孙之和平开辟途径，吾人决定忍受所不能忍受者”的投降敕书全文，并配发《正告日本人民》的社论，指出:“我们并不否认日本今日的遭遇是一个大悲剧，但它不是悲剧的序幕，而是悲剧的尾声，是日本历史的悲剧，而不是日本人民的悲剧。”可谓爱憎分明，大义凛然。

曾经气焰嚣张的侵略者终于被打败了，但江西为这场战争付出了伤亡 50.445 万人、财产损失总计 10072.023 亿元（法币）、土地荒芜 300 万亩、近代工业几乎全毁的惨重代价。回顾历史，这段记忆无论如何都值得我们铭记。

（本文发表于 2015 年 9 月 18 日，选自《江西日报》）

抗日烽火中的《抗战日报》沅陵复刊

文 / 向显桃

在湖南沅陵县城有一座民房仍保持着20世纪30年代的面貌，那就是在抗日烽火中湖南抗战的一面旗帜——《抗战日报》的报社旧址。

抗战日报社旧址（图片来源：中红网）

抗战日报社旧址位于沅陵县城沅水边半山坡上一处狭窄老巷内，距龙兴寺仅与火神巷一巷之隔的马坊界5号民宅，这是一座两层楼的木板屋，系经典的民国时期民居院落。

这座老旧的青瓦单檐民居院落占地面积两百多平方米，岁月的侵蚀在这栋不起眼的民国木构建筑上留下了斑斑痕迹。土墙围住的小院前的石砌门楼中有一厚重的木门，门内有一约十平方米的天井，里面则是两层楼的木板屋。当年，田汉、廖沫沙、周立波、欧阳山、草明、沈绥南等文坛骁将都曾在此工作和居住过，吹响过震撼全国的抗战号角。

这座小院落中间的堂屋曾经是周立波等编辑们办公的地方，田汉和母亲住宿办公则在右边的两间房子，左边两间是廖沫沙住宿办公的地方，工人们睡在二楼的阁楼上，房子小不够住，有时候工作人员就在地上打通铺。屋子后面的山坡上原来有几间茅屋是印刷厂，《抗战日报》就从这里源源不断地发出。

《抗战日报》创刊于1938年1月28日，是由田汉、廖沫沙与八路军驻湘办事

在沅陵发现的《抗战日报》原版（图片来源：中红网）

处代表徐特立同志商量后，在长沙创办的。《抗战日报》每日一张，报纸为 4 开版，报头“抗战日报”四个字横列。版面设置是：第一版登重要的文章和抗战的要文；第二、第三版登抗战的宣传文章；第四版登国际新闻。正文用新五号字排版。总编辑为田汉、廖沫沙。在抗战时期，《抗战日报》受到读者的欢迎。7 月，长沙遭到敌人的大轰炸，国民党准备放火烧长沙，《抗战日报》被迫休刊。

1938 年 10 月，周恩来同志在八路军驻长沙办事处，指示廖沫沙、周立波、欧阳山、草明去沅陵办《抗战日报》。周恩来同志很关心少数民族，他觉得沅陵比较闭塞，又是少数民族聚居之地，有必要派一批文化人去开展文化工作和宣传抗日救国的道理，于是决定派廖沫沙等人去办报纸。

1938 年 11 月 12 日，长沙大火后，廖沫沙、周立波等人随抗战日报社去沅陵，是搭大卡车去的，车上装有铁床和部分印刷工具。那时廖沫沙把机子从长沙运到益阳就运不动了，周立波就打电报找周恩来同志。周恩来同志指派八路军驻长沙办事处派了车，才将机子运到沅江边。《抗战日报》的工作人员把印刷机和铅字载上木船，沿洞庭湖，溯沅江而上，搬到湘西的沅陵。

当时，沅陵已定为湖南临时省会，不少机关、团体、学校、工厂以及大批难民涌向沅陵。就在 1938 年 11 月底，在周恩来的指示下，《抗战日报》又在沅陵复刊。《抗战日报》复刊出版后，继续扛起救亡的大旗，在沅陵刮起了热血抗日的舆论旋风，尽管受到一些阻力，但大家办报的热情始终有增无减。

1938 年至 1939 年，中共湘西工委、中共沅陵县委在沅陵开展革命活动。周立

波同时兼任中共沅陵县委宣传部部长兼管统战工作。周立波常鼓励大家说："《抗战日报》是奉了周恩来同志指示，从长沙迁到沅陵来的。它不仅仅是一张报纸，更为重要的是共产党团结广大民众，坚持抗战的一个窗口。它多存在一天，就多在湘西播撒一片抗战救亡的种子。"

中共地下党组织积极支持《抗战日报》的一切工作，中共湘西工委书记梁春阳兼任报社的记者，还有一大批地下党员积极为报纸撰稿和义务发行。

1939年6月，薛岳接替张治中掌管湖南后，形势更趋恶化，国民党反动势力对《抗战日报》虎视眈眈。6月15日，《抗战日报》上发表了一篇杂文，写道："天气炎热，蚊子、臭虫扰人，我睡不久了。"这是一种隐语，暗示报纸会封闭。不久，《抗战日报》就被迫停刊了。

《抗战日报》从创刊到停刊，前后不到两年，但是它像一颗启明星照亮了抗战的道路，为宣传我党的抗日主张和方针，唤醒人民起来抗战做出了不可磨灭的贡献，被誉为"宣传抗日的一面旗帜"。

《抗战日报》在沅陵出刊发行虽只有半年时间就再次被迫停刊，但这份报纸在宣传积极抗日思想、号召建立抗日民族统一战线方面发挥了重要作用，在中国抗战史册上留下了浓墨重彩的一笔。

近年，抗战日报社旧址的现任房主在前年翻新家里老墙时，意外发现裱糊在墙上最里层的《抗战日报》报纸，便一直将报纸保管收藏起来。因年代久远，旧报纸大多都已破碎。但是这些泛黄而残缺的《抗战日报》仍能看见当年的原貌，使人们忆起那烽火连天的历史。同时，还发现了田汉、周立波等人当年使用的砚池、钓鱼竿、明青花瓷夜壶和田汉母亲的梳妆盒等文物。

经文史学者考证，这些新发现的《抗战日报》旧报纸为4开版，出刊在1938年至1939年各月份。报头字体清晰，报纸版面《在抗战中成长的新战士》《写在文抗会大会之前》《对于文化人的希望》《撤退西志愿兵》《敌由鲁增援悉被我击退》等新闻报道，以及抗战宣传画、抗战漫画等大量抗战消息依稀可见。

《抗战日报》报纸原版的重大发现，使尘封的那段抗日救亡的往事更加明晰起来。《抗战日报》的重见天日，填补了抗战日报社旧址《抗战日报》原件实物的空白。《抗战日报》原件实物也是湖南省抗战史上原件实物的又一重大发现，为研究湘西地区乃至整个湖南的抗战文化和抗战历史提供了有力实证。

现抗战日报社旧址房屋保护完好，已被列为县级文物保护单位，并作为当地革命传统教育遗址和红色旅游资源向人们展示。

（本文发表于2017年2月5日，选自《怀化日报》）

抗日战争期间的《鄂东日报》

文 / 谌仲人

《鄂东日报》的出版

《鄂东日报》是抗日战争期间，湖北省鄂东行署在黄冈项家河出版的一份敌后报纸。

1938年10月，日军侵占了武汉。同年，黄冈专区专员程汝怀带领所属干部，由黄州迁至黄冈北乡大崎山山麓的黄土岭余氏祠堂建立了鄂东行署，程汝怀任主任。下辖鄂东十二县——孝感、黄陂、礼山、黄安、黄冈、麻城、罗田、英山、浠水、蕲春、黄梅、广济。

程汝怀还任鄂东游击总指挥部总指挥，参谋长为陶季贤。下辖李九皋、蒋少瑗的两个纵队。鄂东行署还在三界园一带利用祠堂、民房并搭盖了一些草棚，开办了湖北第二联中和第二师范，收容来自沦陷区和未沦陷区以及鄂东各县无法就学的学生。并在黄土岭附近的苏家大湾办了一所鄂东干训班。鄂东各县也都成立了中学。

这时的鄂东急需有一张报纸，《鄂东日报》就诞生了。

那时武汉的报人，有的随国民党政府西迁重庆、恩施，有的投靠了日伪报社，有的另谋他就，找到一个办报的人很不容易。程汝怀就委派黄耕野当社长筹办报纸。黄耕野是黄冈人、鄂东战地青年工作队的副队长（队长是成勋）。鄂东战地青年工作队是一个特务组织，表面上是负责日伪的情报工作，实际上是专门负责新四军的情报工作。黄耕野相当有活动能力，跟程汝怀的关系拉得很好。成勋却是一个很少开口说话的人。

黄耕野对办报是外行，他就找到了黄冈人、原来在汉口《中西报》当过编辑的王丽生来负责报纸的编辑工作，又找到了鄂东青洪帮的黄冈人刘泰山在项家河搭起草棚办起了印刷厂。编辑部就设在项家河附近詹家楼的一座民房内，还找到了董伯韩负责电讯工作，程良俊负责译电。王丽生负责编辑工作，又找到了黄冈人刘先枚

当记者，每天跑行署、总指挥部。后来记者增加了汪洵（国佐）。

这样，一张4开的《鄂东日报》，在1939年上半年总算出版了。报纸日印一千多份，分发鄂东各县。

印刷厂有一部4开平台机，铅字可以敷用，没有铜模和铸字炉。有一位刻字的工友，刻报纸的题目字和所缺的五号字，用的是粗糙的土报纸。铅字被这样的土报纸拖了一段时间以后，字面就模糊了，印出来的报纸就不容易看清楚内容，只能看清题目。用读者的一句话说，“看鄂东日报只能看题目，看内容就要戴发光眼镜”。

流亡者的心情

武汉沦陷后，黄陂陷于敌手，我从汉口的时代日报社回家，在家乡搞点小生意来维持生计。1939年秋，在黄冈县（今黄冈市）政府当会计主任的陈士敦（我的同乡）介绍我到鄂东日报社当编辑。我到鄂东日报社后约两个月，就为报纸写了一篇《在沦陷区里》，把日军在沦陷区烧杀掳掠的情形，做了详细的报道。如我邻村一位姓黄的农民的八岁的女儿，被日军强奸了，日军还把他家的房子放火烧掉了。还有一次，四个日本士兵追着几个妇女，妇女跳入水中，几个日本士兵狂笑一阵，扬长而去……这就使得许多人来寻找我，要我更详细地谈沦陷区的情形。这篇稿子，我把它寄给重庆胡秋原办的《祖国》刊物上。路途遥远，交通阻塞，我并没有做寄到的打算。大约过了半年，我居然收到了胡秋原的来信。说“后方极希望看到这类文章，希望你继续写寄”。故乡沦陷，流亡在外，系念家乡，这种思想，是极容易理解的。

那时，前方与后方，不管日军怎样封锁，还是有邮路可通的，由鄂东越京汉铁路走鄂北山区再过巴东就到重庆了。

总编辑柳野青的出走

我到报社工作了一段时间，蒙社长黄耕野的不弃，请程汝怀委派我当总编辑。那是1941年，柳野青原在筲箕塆一甲祠黄冈中学当教员。一甲祠与项家河相距约一公里。柳野青与我在汉口《时代日报》时就认识，这次我们交谈的机会多了，彼此也更了解了。柳野青后来从黄冈中学出走，投奔新四军去了。

柳野青的出走，在鄂东知识分子圈里面震动很大。大家彼此相遇，就互相转告：“柳野青走了，你知道不？”

柳野青系黄陂北柿子树店柳家大塆人，一向搞文化工作。1937年在汉口的时代日报社任副刊《民众》的编辑。不久他就离开报社到黄陂柿子树店当区长，组织游击队，准备抗日，还搞到了三百多支枪。日军侵占武汉后，就想消灭这支队伍，步步进逼。柳野青势单力孤，难以生存下去，为了保存这支力量，就连夜把这支队伍拉到鄂东程汝怀那里。程汝怀就把柳野青的队伍改编，给了柳野青一个游击总指挥部参议的职位，接着又把柳野青调到黄冈中学教书。

柳野青思想进步，很受学生欢迎。这就引起校方的嫉妒和仇视，经常在程汝怀那里诬蔑陷害柳野青。柳野青很愤激，但也无可奈何。同情柳野青的只有教师程炳文。适逢陈诚派党政军督导团到鄂东，团长是国民党湖北省党部书记长王治孚。王治孚是黄陂人，和我认识，我就找王治孚为柳野青活动。那时我当上了报社的总编辑，王丽生被调到鄂东联中教书。我情愿把总编辑让给柳野青，结果很圆满。柳野青到报社任总编辑，和我是无话不谈。皖南事变后，柳野青对蒋介石破坏国共合作，非常愤怒，说："这简直是自取灭亡。"一天夜晚，柳野青偷偷地离开鄂东，投奔新四军去了。

坐山虎的"威风"

柳野青出走后，游击总指挥部的参谋长陶季贤说了一句直话："柳野青的走，硬是鄂东逼走的。"鄂东开明人士私下议论说："程汝怀是只坐山虎，出山是不出山（指打日军），吃是要吃的（指对新四军和鄂东进步人士）。"

事实也是这样。1941 年，日军分五路进犯大别山区，一路由黄冈夫子河进山，路线须经过栗子坳、土门坎、史家凉亭、滕堡等地。这时，报社将印刷器材沉入塘底，程汝怀躲到山旮旯里的盛家大塆，我们也去了那里。程汝怀对我说："让日本人过去，打不得，一打就糟糕。"后来我看到了恩施的《新湖北日报》，有一天报纸的头条特号字标题是《史家凉亭激战》，真叫我哭笑不得。当时日军在史家凉亭附近的天马山上，扫了几声机枪，就寂静无声了。我亲眼所见，难道自己还不相信吗！消息的来源，不言可知，是总指挥部电台的报道。

遇"匪"记

有一次，我回到沦陷区里的黄陂家乡，转回报社的路上，遇到了新四军。我就写了一篇《遇匪记》，登在报上。那时按上峰指示称新四军是应该称为"匪"的。不称"匪"，就是犯法，是要受到警告、记过、撤职等惩罚的。

由鄂东山区出口回家乡，首先要弄清楚什么地方驻扎有日军，什么地方有新四军活动。还要带路单，证明自己是干什么的，才能比较安全地通过。万一遇到了盘查，路单也可以为自己打掩护。我是走栗子坳出口，经夫子河，避开日军的瞭望哨

回黄陂的。带的路单，是刘集文印刷厂的校对人员，一路没遇到问题。回报社的时候，我背着小衣包，走过了夫子河，快到游击区的地界时，一处小树丛里突然有人喊了一声："喂、喂，来来来。"我抬头一望，是一位戴草帽、背着枪的哨兵。我意识到这是遇着新四军了，就走了过去。他问我到哪里去。我说："到项家河去。"他说："请你到我们营长那里去一去。"到了营部，营部在一间民房里，营长正看着一位铜匠师傅修理盒子枪。他对我很客气，请我坐下、喝水和休息。接着就问我从哪里来，到哪里去。我出示了路单，他仔细地瞧了瞧，又把我打量了一番，算是没有问题了。就说："对不起，耽误了你走路。"说完就送我出来，并喊着那位哨兵说："你把他引到正路上走，他是到项家河的。"哨兵就引我到正路上，并指引我从哪条路走比较近，并说："麻烦你了，对不起。"我谢了谢，走了。

这篇稿子刊出以后，学校的教师，还有一些学生，不断地到报社来找我谈谈当时的情形。他们的结论是："照你这样说，新四军并没有什么可怕。"我说："我写的是我亲身的经历，没有夸张，也没有缩小。"他们说："我们担了一些冤枉心，什么新四军捉一些青年学生，就弄去受训。不服从，就枪毙，我们害怕死了，现在总算放了心。"

"好心"的朋友对我说："你那一篇《遇匪记》，当心出纰漏，还是小心一点的好。"还好，一直没有出问题，大约是耳闻不如目见，事实胜于雄辩吧，也可能是解开了某些人心里的疙瘩。

陈诚的"称赞"

一个报人，总想把报纸办得像样，对读者也应该负点责任吧。《鄂东日报》的毛病是印刷不清，版面字迹模糊。原因就是纸张粗糙得像砂纸。白报纸必须在汉口才买得到，也不容易进山。因为白报纸是日军的禁运物资。报社就托人在汉口买少数的白报纸，藏在其他货物里，避开日军岗哨，一直运到项家河。我们拿到白报纸后如获至宝，个个欢天喜地，就用白报纸试印了几张，果然字迹清楚。我们就每日用白报纸印个十来份，寄恩施湖北省政府五份，寄鄂东行署和游击总指挥部各一份，鄂东联中和第二师范各两份。

1943年9月，鄂东行署奉湖北省政府命令，将《鄂东日报》改为《新湖北日报（鄂东版）》，直接隶属《新湖北日报》，并派陈熙平（黄梅人）来任社长。陈熙平到任后，对报社同人说："陈长官很称赞《鄂东日报》。陈长官对新《湖北日报》社社长谢然之说，我们的敌后，也办出了这样的报纸，难得难得。"我仔细思索了一下，这也是陈熙平来任社长的原因。

接着来的，是鄂东行署主任换了李石樵，游击总指挥换了程树芬。

约两个月后，黄冈实验简报社邀我去编《简报》。从此，我就离开了《鄂东日报》。

［本文选自《湖北文史资料》1987年第二辑（总第十九辑），中国人民政治协商会议湖北省委员会文史资料研究委员会编，1987年7月5日出版］

《新华日报》抗战传奇：毛泽东盛赞“新华军”

文/赵　毅

在红岩革命历史博物馆的展厅内，陈列着一批珍贵而特别的报纸——说它珍贵，是因为它真实地记录了中国革命斗争的历史，为实现民族解放和民主和平发挥了重要作用；说它特别，是因为其第一版全刊登着各种各样的广告，让人有些意想不到。它就是当年在国统区赫赫有名的《新华日报》。

“希望每一个读者都是本报的作者”

1937年，国共两党第二次合作正式形成。周恩来根据中共中央指示，要求在国统区创办《新华日报》作为党的舆论宣传阵地，蒋介石表示“所谈甚好，完全同意”。这样，《新华日报》便成为抗战时期和解放战争初期中国共产党在国统区唯一公开出版的报纸。1938年1月11日，《新华日报》在武汉创刊，10月25日武汉沦陷当天改在重庆出版，1947年2月28日终刊于重庆，历经九年零一个月又十八天，中间除1939年5月至8月因日机轰炸重庆而与重庆十大报纸共出《联合版》外，共出刊三千二百三十一期，是我党在民主革命时期出版最久的一张党报。

烽火岁月中，《新华日报》从创刊之日起就肩负起厚重的历史使命——“愿为后方民众支持抗战参加抗战之鼓动者倡导者，愿在争取民族生存独立的伟大的史迹中作一个鼓励前进的号角”。1945年毛泽东赴重庆谈判期间曾高度评价它：我们不仅有一支八路军、新四军，还有一支“新华军”！

当时生活在国统区的民众对共产党还很生疏，为了凝聚国统区的民心、推动国统区爱国民主运动的发展，《新华日报》从一开始就大胆革新，采取依靠人众、联络读者一起办的方法，提出了“编得好、印得清、出得早”的口号，以大众化、通俗化为方针，采取了一系列的措施吸引读者，力图使报纸办得丰富多彩、新鲜活泼，充分发挥其作为党和人民喉舌的作用。如对于新闻报道，《新华日报》采用了“综合报道”的形式，用白话文夹叙夹议，对事件做分析，大大争取了各阶层的读者。这种新闻报道形式现已应用很广，但它在历史上是《新华日报》首创的。报社还设有专门联络读者的读者服务部，版面上辟有“读者信箱”专栏，编委吴敏、杨放之在《我们的信箱》一文中写道：“希望每一个读者都是本报的作者。”读者服务部定期召开读者座谈会，诚恳征求读者意见，交流读报心得，向读者推荐书刊，开展有益于公众的社会活动。《新华日报》迁到重庆出版后，读者服务部还组织了一次义卖报纸的活动，义卖人群一路高呼“抗战到底”的口号，沿街游行，使《新华日报》很快成为重庆市民都知晓的报纸。

斗智抗检　寸步不让

在以周恩来为领导的中共代表团、中共中央南方局的领导下，通过报馆同仁们的辛勤耕耘，《新华日报》发行量越来越大，在大后方人民群众中的影响也越来越广，因此很自然地成为国民党统治者的“眼中钉”。他们十分恼恨和担忧，处心积虑地对它严加控制和审查。既允许办报，但又不让言论自由，或者只可印刷，不准售卖。为控制《新华日报》的出版和发行，国民党当局成立了所谓的“新闻检查所”，对《新华日报》实行最严厉的新闻检查，任意涂改和检扣送检稿件中的新闻和言论，凡宣传八路军、新四军重大战绩和解放区政治经济文化方面重大成就的，一概予以检删，甚至一些名词术语，如“共产党”“毛泽东”“八路军”“新四军”“陕甘宁边区”“人民民主”等也不准见报。此外，国民党当局还想尽一切手段来影响报纸的相关工作，如殴打和逮捕报丁、报童；阻挠和破坏其发行；严密监视工作人员、干扰或破坏正常的新闻采访报道工作；制造暴力事件，纠集流氓特务捣毁报馆，破坏正常营业；等等。国民党当局对《新华日报》的政治迫害与发行封锁，正如《新华日报》记者石西民所描述的那样：“国民党当局对《新华日报》的迫害摧残，其动员之广、检扣之厉、迫害之暴、手段之毒、花样之多、时间之长，可以说是前无古人了。”

对此，《新华日报》的同志们按照周恩来和中共中央南方局的指示，贯彻“斗智抗检、寸步不让”的方针，采取“合法”与“非法”相结合的多种方式，同国民党的新闻检查制度做坚决而巧妙的斗争。《新华日报》对于国民党新闻检察机关无理删掉的文字，通过采取“暴检”的方式来告诉读者，以揭露国民党的反动新闻检查制度。所谓“暴检”，就是将被删处或以“×××”标出，或注明“被略”，或注明“被略若干字”，或故意留出空白即“开天窗”，或注明“以下奉令删登”，等等。

这样一来，既可让读者领会其中的含义，又在抗议国民党当局的新闻检查制度。此外，报馆还冒着被封杀的风险提前送检，即用不全部送检的“违检”做法来抗检。1941 年 1 月 18 日，《新华日报》就是以这种方式刊登了周恩来为揭露皖南事变真相的题词“为江南死国难者致哀！”以及题诗“千古奇冤，江南一叶；同室操戈，相煎何急？！”。当年皖南事变发生后，《新华日报》接到一项重大政治任务，即尽一切办法把皖南事变的真相向国统区的广大人民群众揭露出来。但在 1941 年 1 月 17 日，《新华日报》准备于次日刊登揭露事变真相的稿件被国民党当局无理扣留。周恩来获悉后，指示《新华日报》与敌人进行针锋相对的斗争。于是 17 日晚，报馆准备了内容一般大的版面，并把清样送交检查。但新闻检查所的人非常狡猾，他们拒看清样，一定要看印好的报纸。报馆只好在这两个拼好的版上打纸型，浇铅版，并印出一张报纸送交检查。当新闻检查机关审查无误、盖章通过后，报馆工作人员

新華日報

為江南死國難者致哀
中華民國卅年一月十七日夜
周恩來題

千古奇冤
江南一葉
同室操戈
相煎何急
周恩來

周恩来为揭露皖南事变真相的题词“为江南死国难者致哀！”以及题诗“千古奇冤，江南一叶；同室操戈，相煎何急？！”[图片来源：《内蒙古农业大学学报（社会科学版）》]

立即拆掉烫手的版面，装上有周恩来题词的木刻版，打了纸型、浇了铅版，交付印刷……第二天，《新华日报》上周恩来的题词，轰动了整个山城乃至全国，使国民党陷入舆论的旋涡中。

第一版全登广告是为保护读者

除了对报纸严格检查外，国民党当局对《新华日报》的读者也加以监视、迫害。1941 年 3 月 28 日，江北民生厂的两名《新华日报》读者被宪兵逮捕，押在江北四方井某机关内。另外军统局渝特区西郊组有情报上报称："查上土湾军政部第一纺织厂工务课车间上尉技士王斯文，江苏人，现年二十余岁，平日常偷阅'左倾'书籍，如《联共党史》《论政党》《新华日报》等，常妄肆抨击国民党及当政诸公。又于昨二十三日午前在该厂宿舍大肆为奸党宣传并劝考绩课员唐煜民等订阅奸报。"此外，报社还常常收到重庆市及各地读者的致函，称奉令停阅或环境不容许续订等，如一读者来信说，县党支部书记通知，看《新华日报》要当心自己的脑袋。如此种种。

同其他报纸一样，《新华日报》开始几年也是在第一版报头下面刊登社论、要闻。后来，有读者反映：每天拿到报纸，看见"新华日报"这四个大字就觉得十分亲切，但由于重要新闻、社论都在第一版，读完又需很长时间，因此老是担心有特务、坏蛋盯梢，担心他们看到"新华日报"这四个大字。于是提出，希望把报头另排一个地方。

报馆对这个意见做了慎重研究，决定把社论、要闻改到第二版上，第一版全部刊登广告。这样，读者拿起报纸读社论、要闻时，有"新华日报"四字的报头就折到里面去了，读者就可以放心大胆地阅读——原来这种改版是为了保护读者！因此，我们今天看到的《新华日报》从 1942 年 2 月 1 日起，报头所在的第一版就全是广告，而第二版则刊登要闻、社论，第三版是地方消息，第四版是副刊，这样直至终刊。极个别特殊情况除外，如 1942 年 2 月 23 日第一版刊登了毛泽东为庆祝苏联红军成立 24 周年写的文章，24 日第一版刊登了各界同胞慰问苏联红军签名。

第一版全登广告，第二版才是要闻、社论，这是《新华日报》一度与其他报纸的不同之处，也成为国民党反动派迫害《新华日报》的历史见证。

（本文选自中国共产党新闻网）

刘少奇在中原局创办《抗敌报（江北版）》

文/马　芳

1939年到1942年是整个中国抗日战争最严酷的阶段，由于日军的封锁，中国的抗日物资极其匮乏，中国共产党领导下的华中抗日根据地的各种物资的来源更加紧张。但刘少奇同志仍然克服各种困难，支持和创办了《抗敌报（江北版）》等一批报纸，为更加有效地宣传党的抗日民族统一战线主张和推动华中地区的全民族抗日战争，作出了不可磨灭的重要贡献。

KANG DI BAO
抗敌报
周恩来

《抗敌报（江北版）》报头由中共中央军委副主席周恩来题写（图片来源：新华网）

1939年12月，中共中央中原局书记刘少奇率中原局领导机关到达皖东定远县后，决定办一张中原局的机关报。刘少奇指示原中共豫鄂边区党委委员、宣传部部长王阑西和刘少奇的秘书刘彬迅速筹备出版《抗敌报（江北版）》。报社由王阑西任主任兼编辑，林檎、甘柏、吕莹任编辑兼记者，刘一村、方言负责印刷出版，陶一波负责图书资料。为充实报社的力量和加强报纸的新闻性，刘少奇又把中原局电台台长及报务人员二十余人派到报社。当时，报社设在定远县藕塘镇附近的一个村庄，和中原局、江北指挥部靠得很近。为避免国民党顽固派的干扰，报纸就用新四军江北指挥部的名义出版，报名叫作《抗敌报（江北版）》。对报纸的任务，刘少奇做了明确指示："当前中原地区的主要任务是广泛发动群众参加抗日战争，向广大群众揭露日寇诱降的阴谋，加强和扩大抗日民族统一战线，反对汉奸汪精卫、亲日派、'反共'顽固派的投降、倒退、分裂活动，为坚持抗战、团结和进步而奋斗。《抗敌报（江北版）》要围绕这个主要任务，把中共中央和中原局的方针、政策向根据地广大群众进行宣传，使党的任务、方针、政策和广大群众见面，为广大群众所接受，并变成群众自觉、自愿的行动。"他要求把办好报纸列为中原局工作的重要内容，新四军江北指挥部和各地党委要利用报纸指导工作。

1939 年 11 月 20 日，在皖东定远县藕塘镇附近的一个村庄，《抗敌报（江北版）》正式出版，为油印 4 开小报，国际、国内新闻主要依靠抄收或改写新华社、中央社播发的新闻，报纸主要篇幅刊登党中央、中原局及军队和地方党政机关的重要言论和文章。发动和组织根据地广大人民群众参加抗日战争，扩大抗日武装部队，发展与建立党的组织和抗日民主政权，实行减租减息，改善雇工工资，改善人民生活等内容都经常会在报纸有所反映，根据地军民战斗的情况也时见报道。报纸出版后，领导机关、部队指战员、农民群众都非常兴奋，特别是当报纸张贴在街头的墙上的时候，人们都争先恐后地围拢过来看，识字的人还会大声地念给不识字的人们听。就这样，这张报纸就好比一盏指路灯，报纸上宣传的内容在部队、地方以及广大人民群众中引起了极大反响。

《抗敌报（江北版）》创刊后，刘少奇经常带头为报纸撰写文章。他撰写的《做一个好党员，建设一个好的党》《论党内斗争》《最近国际形势的重大变动与中国抗战》等重要理论文章先后在《抗敌报（江北版）》刊出，也在根据地广大军民中引起强烈反响，使广大党员干部受到深刻教育。

受初期条件的限制，报纸创刊时为油印版。在刘少奇的关心下，报社建立了印刷厂，并从 1940 年 5 月 1 日起改为铅印 4 开报纸，报社人员这时增加到一百多人。报纸由三日刊改为双日刊，发行份数增加到四五千份。1940 年 12 月 1 日，中原局新的机关报《江淮日报》创刊，《抗敌报（江北版）》停刊。

（本文发表于 2014 年 1 月 23 日，选自《人民政协报》）

《救国时报》向世界宣传东北抗联

文 / 王敏娜

东北地区在全国率先践行抗日民族统一战线，不仅引起了国内各方的关注，还一再登上巴黎的《救国时报》，吸引了国际社会的目光。

创刊号呼吁团结抗日

《救国时报》原名《救国报》，是中共中央驻共产国际代表团的机关报。报纸在苏联莫斯科编辑，在法国巴黎出版，因此历史上有“巴黎《救国时报》”之称。从1935年12月9日创办，到1938年2月10日停刊，《救国时报》共出版了一百五十二期。

“虽然存续时间较短，但《救国时报》对抗日民族统一战线的宣传至关重要。”本溪市党史地方志办公室党史处处长崔维介绍道。

《救国时报》在创刊时明确指出，在民族危机空前严重的条件下，中国的唯一出路就是全民族一致对外，建立全民救国的联合战线。而这份报纸的主要任务就是宣传中共的抗日民族统一战线政策。

在《救国时报》创刊号上，头版刊登了东北抗日联军（简称“东北抗联”）第一军军长杨靖宇领衔发表的文告——《东北抗日联军呼吁关内军政领袖枪口一致对外，建立抗日联军》；在第二版刊登“中国红军快邮代电”——中国红军总司令朱德及周恩来、王稼祥，各军团长林彪、贺龙、彭德怀、徐向前等致东北抗日联军第一军军长杨靖宇等各军军长及全国各军、师、旅、团、营、连、排长官的信。这两份文告都呼吁一致团结、共同御侮，组成抗日联军，抗击日本侵略军。

更难能可贵的是，该报还连续刊载了东北抗日民族统一战线的情况。据介绍，在《救国时报》的第十一期至第十九期及第二十一、二十三、二十六期，分别刊有署名为胡育的《东北义军致本报信——述东北抗日联军组织的经过》的文章。该文作者以自己的亲身经历详细地讲述了南满游击队是怎样贯彻中共中央《一·二六指示信》精神，团结毛作彬、傅殿臣、宋国荣等救国军，结成抗日统一战线，组成反日联合指挥部的。

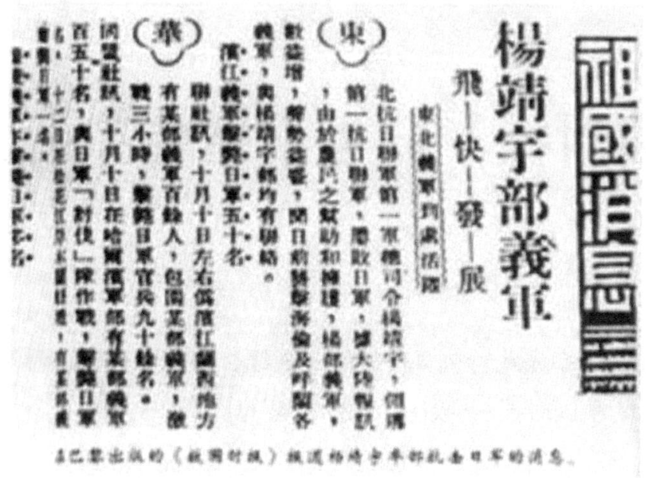
楊靖宇部義軍
飛—快—發—展
東北義軍到處活躍

在巴黎创办的《救国时报》报道杨靖宇抗击日军的消息
（图片来源：《辽宁日报》）

向世界介绍东北抗联

“《救国时报》之于东北抗联的意义尤其大。”本溪市党史地方志办公室主任孙诚说。

长期以来，国内甚至国际社会都有一些关于中国共产党领导下的东北抗日联军的歪曲宣传。《救国时报》在报道国内外人民的反日斗争中，特别加强了对东北抗联斗争的报道。

据统计，《救国时报》从创刊到停刊，登载“东北义军捷报”二十七篇、“抗联文告”十六篇、“抗日烈士传略”五篇、反映抗联各军斗争的通讯二十九篇，此外，还有许多抗日诗歌、歌曲。这些报道向国内外传达了东北被日军侵略、占领的情况以及东北抗日联军的抗日活动和光辉战绩，使全世界都知道了在中国东北的白山黑水之间有一支名为东北抗日联军的队伍在为中华民族的生存而战斗，让全世界人民了解了真实的东北抗联。

1936年4月20日，《救国时报》刊登了一篇名为《学习东北抗日联军的教训》的文章。文中写道：“现在的东北抗日部队，虽然多零星散乱的颇带自发之现象，可是总的趋势则趋向一致团结，统一指挥的抗日联军的组织。据我们所知道的，在东北已成立了六个抗日联军，就是在杨靖宇率领之下的第一抗日联军，在王德泰率领之下的第二抗日联军，在赵尚志率领之下的第三抗日联军，在李延禄率领之下的第四抗日联军，在周保中率领之下的第五抗日联军，及在谢文东率领之下的第六抗日联军。这六个抗日联军，都由许多部队结合而成，都是与日军、伪满洲军队做过无数次残酷战斗而成立起来的，绝非乌合之众可比。”

是东北抗联了解党的方针政策的重要载体

《救国时报》顺应了世界反法西斯斗争和国内抗日救亡运动的潮流，受到了海内外同胞的热烈欢迎。它的发行量也迅速增加，创刊时发行五千份，不到一年就增加到两万份，读者遍及世界四十三个国家。其中有一万余份流入中国，不仅当时的北平、上海、广州、重庆等大城市里出现了争相阅读《救国时报》的情景，就连西康、新疆等边远地区也有《救国时报》的读者。

“《救国时报》在当时的东北抗日联军中广为流传，深受广大官兵的热爱。”孙诚说，“东北抗联当时进行游击战争，驻地不固定，在与中共中央失去直接联系的情况下，《救国时报》成为东北抗联了解党的方针政策的重要载体。”孙诚举例说：“比如，在1936年夏天举行的中共南满省委第二次代表大会上，杨靖宇所做报告中关于国内外形势的内容大部分取自《救国时报》。”

1938年2月10日，《救国时报》因办报人员要全体回国参战而停刊，东北党组织、抗日联军失去了了解党中央关于抗日战争的方针、政策和了解国内外形势的重要载体，杨靖宇等抗联将士对此深感可惜。

（本文发表于2016年7月11日，选自《辽宁日报》）

抗战中的《群众》

文 / 朱维宁

《群众》周刊是抗日战争期间中国共产党在国民党统治区公开出版的唯一一份党的机关刊物。从 1937 年 12 月到 1945 年 9 月，《群众》周刊冲破千难万险，在武汉、重庆两地共出版十卷两百一十期，吸引和影响了国统区无数革命群众走上抗日道路，被毛泽东称赞为党的一个“方面军”。回顾峥嵘岁月，《群众》周刊在抗战烽火中坚守党的思想理论阵地，在限制封锁中宣传党的路线、方针、政策，为民族独立事业做出了不可磨灭的贡献，书写了中国革命史、中共党史和中国新闻出版史上光辉灿烂的一页。

一、创刊的曲折

党在抗日战争时期创办《群众》周刊，绝非偶然。创办《群众》周刊，既是中国共产党宣传工作不断发展的必然产物，又是抗日战争形势发展的客观需要，同时也是第二次国共合作的重要成果。

早在建党之前，陈独秀、李大钊等人就以报刊为阵地，向广大青年介绍马克思主义先进思想，为建党提供了思想和理论准备。建党之初，党的早期领导人非常重视利用报刊来影响舆论，把宣传工作作为党的整个事业的重要组成部分，先后创办《共产党》《向导》《红旗》《斗争》等刊物，动员群众投身工农革命运动。在长期探索中积累的办刊经验，为《群众》周刊的创办奠定了基础。

1937 年 7 月 7 日，卢沟桥事变的爆发，标志着中国人民的局部抗战转化为全民族抗战。7 月 10 日，周恩来在上海约见夏衍时说：“在国民党统治区域，要做的事很多。我们要办一张党报，昨天已经决定了，由潘梓年和章汉夫负责。”7 月 17 日，周恩来等人到庐山，代表中共中央同国民党代表蒋介石等人谈判国共两党合作的各项问题。在国民党统治区公开出版报刊，就是这次谈判的内容之一。8 月中下旬，周恩来在南京同国民党中央宣传部部长邵力子商定中共在国统区创办报刊，随后，邵力子正式批准在南京筹办。

筹办工作从组织办刊的工作人员开始，当时党将精力重点放于《新华日报》的创办上，兼顾出版《群众》周刊。根据周恩来的指示，潘梓年、章汉夫、许涤新等聚集南京，同八路军办事处的钱之光等人，从10月开始筹办《新华日报》和《群众》周刊。报纸筹办工作进展很快，但在《新华日报》申请办理登记手续的问题上，国民党当局不断进行刁难阻挠，还借故推诿拖延，迟迟不予办理。此外，因战局危急，国民党决定放弃南京。邵力子打电话给潘梓年，要他们撤到武汉再筹备出版。潘梓年、章汉夫等人于10月19日奉命离开南京去武汉。

《群众》周刊纪念五卅运动15周年（图片来源:《光明日报》）

到武汉后，国民党有关方面继续阻挠、拖延，迟迟不发出版登记证。了解到这一情况后，按照周恩来的指示，潘梓年向国民党当局提出抗议，并要求准许先出版《群众》周刊，得到邵力子的同意。就这样，《群众》周刊的出版手续终于得以办理。1937年12月11日，《群众》周刊创刊号在武汉与读者见面，先于《新华日报》一个月。创刊号采用16开本，共十六页，全文约两万五千字，刊头“群众”两字采用魏碑体。《群众》周刊的公开出版，意味着国民党长期一党垄断新闻事业的局面被成功打破。

二、坚强的阵地

抗战时期，《群众》周刊作为新华日报社的一部分，并没有自己单独的杂志社。《群众》周刊除了有少数几个编辑以外，其他从社长、主编到印刷、发行、后勤、经营管理等都是《新华日报》的。然而，在党中央、长江局、南方局、南京局以及周恩来、董必武、叶剑英、邓颖超等的领导下，《群众》周刊始终坚定不移贯彻和宣传党的路线、方针、政策，宣传马克思列宁主义，宣传解放区军民的英勇奋战等等，是党在国统区坚强的思想理论阵地。

《群众》周刊取得辉煌的宣传成绩，要归功于党的正确领导，特别是周恩来的

纪念「五一」劳动节

《群众》周刊上的图片（图片来源:《光明日报》)

精心指导。由于特殊的历史条件，国统区的党报、党刊主要在周恩来直接领导下形成独特的联合作战的格局，任务是相同的，只是大体分工不同。《新华日报》侧重时事、政策，新闻时效性强;《群众》侧重思想、理论，时间性不那么强。周恩来曾对许涤新说:“《群众》是党刊，是理论性刊物，要更多地从马克思列宁主义出发，更多地从理论角度出发，帮助广大读者理解抗日战争的正义性和抗战胜利的必然性。同时，还要从理论的角度出发，去批判当时一切不利于抗战甚至破坏抗战的各种反动谬论。”周恩来很关心《群众》的宣传质量，强调党报和党刊的任务，就是要提高读者的政治认识。他指出，要做好这一工作，首先就必须了解广大读者或一部分读者的心理状态，了解他们在思想上存在的问题。然后，才能抓住他们的思想疙瘩，“有的放矢”地写出文章来。

在宣传实践中，《群众》周刊在不同时期采取不同的宣传策略，配合抗战不同阶段进行有针对性的宣传，起到了非常好的宣传动员效果。在抗战初期，《群众》周刊揭露日本侵华罪行，宣传正面战场抗战的形势，宣传敌后战场的抗战业绩，批判两种错误观点，树立和坚定中国抗战必胜的思想；在战略相持阶段，《群众》周刊适应持久抗战需要，揭露汪精卫等的投降阴谋，批判蒋介石等的“反共”言论，宣传八路军、新四军敌后战场的抗战业绩，树立全国人民抗战必胜的坚定信念；在战略决战阶段，《群众》周刊适应国内国际形势的需要，介绍世界反法西斯战争的战况，宣传解放区取得的伟大成就，突出中国对世界反法西斯战争的贡献。

《群众》周刊成功而出色的抗日宣传，得到了人民群众的普遍欢迎和充分肯定。国统区的人民群众将《群众》周刊视为在黑暗中前行的“灯塔”。许多文化艺术界的有识之士读了《群众》后，看到了中国未来的希望；许多爱国青年读了《群众》后，走上了革命的道路。更值得骄傲的是，《群众》周刊被毛泽东誉为如同八路军、新四军一样，是党领导下的又一个“方面军”。

三、办刊的艰辛

《群众》周刊表面上获准在国统区公开出版，但实质却是与狼共舞、险象环生。蒋介石集团绝不愿意在自己眼皮底下，活跃着一支革命的新闻舆论队伍，时刻揭露他们对人民的蒙蔽与欺骗，宣传马克思主义和共产党的纲领主张。因而，他们层层设防。国民党当局迫害《群众》周刊最恶毒的手法是允许出版，但却封堵其喉咙，不让其讲话，严密封锁其发行，隔断其和读者的联系，企图使其成为没有灵魂的躯壳，或是没有人能看到的废纸。

一方面，1939年起，国民党当局的审查机关开始实行法西斯审查制度。对已迁址重庆的《群众》周刊的稿件实行全文扣留、部分删节，甚至大段删减，篡改文稿、标题。根据不同情况，《群众》周刊用揭露、抗议进行斗争。如文章被扣留下题目，刊登启事、编后记说明情况；被删的文章留下空白，用“开天窗”等方式抗议审查制度。当文稿涉及党的文献和领导人的重要文章时，则采取“合法”形式极力据理进行交涉。皖南事变后，面对更加恶劣的政治环境，为了在国统区保持住党的思想文化战线的阵地，《群众》周刊根据周恩来的指示，不一定天天、期期都有社论，而是刊发多方面材料，且不要每篇都是政治化的面孔，实行烘托宣传。

另一方面，国民党当局对《群众》周刊的发行进行限制和封锁。军警、特务及邮政通信等部门，常常扣押刊物，绑架、逮捕工作人员。一些销售过《群众》周刊的进步书店被查封，一些书商被恐吓、被警告，企图堵塞和隔断刊物的发行渠道。为反抗迫害，重庆党报、党刊组织建立了一支报丁、报童队伍，肩负起《群众》周刊的发行任务，按期将刊物送到读者手里。在学校、工厂比较集中的地区，还经常得到热心读者的帮助，有的向亲友介绍推销，代收代转；有的组织学习小组，集体学习和讨论；对于分散在国统区各省、市的读者，工作人员按读者订阅时开列的地址通过邮局按期寄去。

尽管国民党顽固派用法西斯审查制度设置重重封锁，但这些“反共”、反人民的举措不得人心，无法削弱正确观点和先进思想的吸引力、辐射力。相反，还使《群众》周刊经受战火洗礼和斗争磨砺，变得更加坚定、更加厚重、更加有力。

光辉的历史，昭示着光明的未来。今天的我们，更要坚定不渝地继承和发扬《群众》周刊的光荣革命传统，大力宣传马克思主义中国化的最新理论成果，把中央精神、省委部署宣传好、解读好、落实好，依靠群众、服务群众、与时俱进，努力把《群众》杂志办成新时期党的舆论宣传的坚强阵地。

（本文发表于2015年08月17日，选自《群众》）

作为战地记者的“诗人火子”

文 / 施宣圆

刘火子（1911—1990），曾用名刘宁等。祖籍广东台山，生于香港。20 世纪 30 年代在香港先后任《大众日报》记者、《珠江日报》国际版编辑、战地记者；20 世纪 40 年代任桂林《广西日报》采访主任、重庆《商务日报》要闻编辑；1950 年任香港《文汇报》总编辑；1951 年任上海《文汇报》副总编辑；1978 年任中国大百科全书出版社上海分社副总编辑，创刊并主编八部《中国百科年鉴》，是中华人民共和国年鉴事业的奠基人。

热血青年　爱国情怀

刘火子祖籍广东台山，1911 年出生于香港。原名刘培燊，笔名火子、刘宁、刘朗等。他家境贫寒，读完小学就以打工为生，靠读夜校，自学成才。在香港模范中学教书时，他结识了一些进步人士，如李拉特、叶锦田、李游子、罗理实、连贯等人，在他们的思想的影响下，进入文艺界。20 世纪 30 年代初，香港处于新文学萌芽期，刘火子年轻气盛，才华出众，思想新潮，常在报上发表新诗和文艺评论。他发起和组织成立了香港深刻版画研究会，同时又成立了新文字促进会，还出版刊物《偕行》。这些艺术团体汇集了一大批进步人士。1936 年下半年，他参与创办了香港早期第一个有组织、有活动的文艺团体——香港文艺协会。他和一些进步文人用文章和诗歌宣传左翼文学，歌颂光明、揭露黑暗，蜚声诗坛、扬名港岛。

1936 年 6 月，有一位在上海神州国光社工作的朋友托人带信给刘火子，说有位季之华先生初来香港，人生地不熟，如有什么问题需要解决的，希望他帮个忙。次日，刘火子受朋友之托，按照信封上的地址，去香港九龙弥敦道弥敦酒店找季之华先生。刘火子后来在一篇回忆文章中说：“我敲门进了房间，只见房里有两个人在谈话……其中一位戴着眼镜身穿一件白衬衫，用吊带挂着裤子，显得比较清瘦……他就是季之华。另外一人，穿着一件灰色丝绸长衫，双肩拱起，脸色黝黑，看来身体

相当衰弱。两人对我都十分热情，我们在一张中间嵌大理石的红木圆桌旁坐下，谈得倒很随便……”刘火子生在香港，但长期生活在广州，对那里的情况比较熟悉。他向他们介绍广东军阀陈济棠在广州实行白色恐怖，残杀不少共产党员的事实；向他们介绍港英当局和一些高等华人、洋奴的行径。他们认真地听着，有时还发表一下看法。

刘火子和季之华就见过这一次。季之华，何许人也？刘火子一直想打听。后来“七君子事件”发生，他从一印刷品的照片上认出，原来季之华就是大名鼎鼎的邹韬奋先生！此时，刘火子的心情无比激动！他说：“自从邹韬奋先生主编《生活》周刊以来，我是一个非常忠实的读者，直至被国民党反动派‘勒令’停刊，我没有一期脱漏过。是他在‘九一八’和‘一·二八’国难深重的日子里，用一篇又一篇的小言论激发起我们这一代的爱国热情，从此走上了追求进步、追求真理的道路，他是我所推崇备至的先进人物之一。可是我和他对谈了好些时候，竟然相谈不相识！”另一位在弥敦酒店陪同邹韬奋谈话的是恽逸群先生。刘火子是在两年后才和他再次见面的。那时，他已经离开学校，在《珠江日报》当战地记者，参加了进步组织中国青年新闻记者学会。在该学会香港分会成立的那天，刘火子“见到他（逸群）依然穿着灰色丝绸长衫，在主席台上讲话”。中华人民共和国成立后，恽逸群任上海《解放日报》总编辑，与刚从香港回到上海任《文汇报》副总编辑的刘火子在同一张桌子上吃饭时，恽逸群还同他谈了当年在香港初次见面的情景。说罢，两人互相举杯敬酒。

1936 年 10 月，鲁迅在上海逝世，刘火子等人听到这个消息，立即以“香港文艺协会”的名义给鲁迅治丧委员会发出唁电致哀，还准备在港举行鲁迅先生追悼会。刘火子是这次活动的发起者和组织者。他们积极筹备，联络了一些进步团体，于 11 月 11 日在基督教青年会礼堂召开了鲁迅先生追悼纪念大会，刘火子被推选为大会执行主席。他报告了大会筹备的经过。追悼会有一千多人参加，香港的进步团体、学校和进步人士都送来花圈、挽联。一些进步人士还登台发言，指责蒋介石和国民党政府黑暗腐败的统治和对日本侵略者妥协让步的行径。这次纪念会在香港影响很大，许多报纸都刊登了大会的消息。香港当局视这次活动为“过激”事件，事后进行追查，他们派人到刘火子所在的学校，向校长查问刘火子的来历，但被这位校长打发走了。

1937 年，七七事变爆发以后，日本侵略者又进攻上海，发动“八一三事变”，内地的许多文化人纷纷南下香港。香港受英国殖民统治，各派势力在这里角逐。连贯是中共南方临时工作委员会文化支部书记，专门负责文化教育和新闻工作部门的党的发展工作。他在香港的公开身份是救国会华南区总部的干事，负责组织联络工作。他认为刘火子为人正派、思想进步、活动能力强，便让他参与组织一个港九战地文艺服务团，团长是林望中（中华人民共和国成立后曾任福建省外办副主任）。该服务团成立时还发表宣言，这个宣言是刘火子起草的，他以诗的语言号召文艺青年投入到当前的抗日战争中。后来这个团有十多位进步青年被林望中带到革命圣地延安。

1939年秋，刘火子认识了仰慕已久的杨刚。杨刚是著名军事评论家杨潮（羊枣）之妹，著名记者、作家和文化人，那时她奉命来香港接替萧乾主编香港《大公报》文艺副刊。萧乾为了让香港文艺界的朋友认识杨刚，在思豪酒店咖啡厅举行作者座谈会，参加的有著名文化人许地山、刘思慕、郁风。刘火子刚从抗日前线回来，也应邀参加。就在这个会上，他见到了杨刚。杨刚当时是中华全国文艺界抗敌协会香港分会理事，在港开展统一战线工作。不久，香港文艺界抗敌协会举行纪念鲁迅逝世三周年座谈会，刘火子代表香港文艺协会邀请杨刚在会上发表了热情洋溢的讲话。为了培养文艺青年，香港文艺协会成立了一个文艺通讯部，之后，在暑期又办了一个青年文学讲座，由杨刚总负责，刘火子作为助手。当时有人戏称“杨刚是校长，火子是教务主任”。参与演讲的有杨刚、戴望舒、徐迟、端木蕻良、黄绳等人。听讲的大约有三四十位青年。刘火子说：“每逢开讲之日，灯火通明……一个教室坐得满满的。我只讲过一次而已。”这个讲座不仅讲文艺知识，而且宣传抗日，是党在香港文化界开展统一战线工作的一部分。刘火子是国际世界语协会的香港代表，在杨刚的关照下，他在《大公报》发表了多篇有关学习推广世界语和抗战的译文。

在民主革命时期，有许多有良知的文化人，他们追求真理、追求进步。虽然组织上没有加入共产党，但是，他们与党同心同德，步调一致，是中国共产党忠诚的朋友。刘火子就是这样的一位进步文化人（刘火子于1956年加入中国共产党）。

战地记者　深入前线

1938年10月，战火燃烧到华南，日军在大鹏湾登陆，随即占领广州。香港与内地的联系一下子被掐断了。当时，刘火子在《大众日报》当记者，跑本地社会新闻，他感到很不满足。不久转至《珠江日报》，该报是桂系在香港办的报纸。为了让香港同胞了解内地家乡的情况，报社决定派战地记者奔赴华南前线采访。可是，这毕竟需要长期离开香港，而且是一件有生命危险的差事，很难找到合适的人。刘火子是单身汉，没有家庭负担，更主要的是他有一种参加抗日、保家卫国的责任感。他一听到这个消息，很乐意报名请战，得到了报社的批准。他先到澳门，通过拱北关，进入石岐，直趋江门。他到江门时，正好是日本飞机狂轰滥炸的第二天，听老百姓说日本飞机飞得很低，差点用竹竿都可以把它捅下来。为了赶到抗日前线，他又从江门往肇庆，溯西江而上，经广西梧州、柳州、桂林和湖南衡阳，然后又南下到韶关……兜了一个大圈子，然而舍此别无其他道路可选择。历时二十个月，行程数万里，刘火子也采写了大量战地新闻报道、通讯。

华南战场主要包括两广和湖南南部等地区。刘火子的足迹几乎踏遍了华南前线的山山水水，他写了许多战地通讯，如《韶关空城记》《胜利年的第一次胜利——记粤北的扫荡战》《二月反攻——桂南混战的纵横面》《从化前线巡礼》《访问三个小英雄》等等。从这些通讯中，人们可以看到中国军民英勇抗击日本侵略者的壮烈场面。

1939 年 11 月，日军在北海湾龙门港登陆，攻占钦州、防城后，以一个师团又一个旅团的兵力沿邕钦公路北犯侵占南宁。12 月初进占昆仑关，桂南会战打响。昆仑关战役是抗日战争中的大型战役之一。刘火子在大战后第四天就亲临前线采访，撰写了长达万字的长篇通讯《大战后昆仑关巡礼——并记歼灭战的大捷及劳军的经过》，分三天在《珠江日报》连载。昆仑关在广西南宁东北的宾阳县境，在历史上是有名的天险和兵家必争之地。他在昆仑关关口的关帝庙与战士合影，深入才清理不久的战场。在那儿，死尸只是随便掩埋，松散的泥土还散发着臭气。他视察了几个高地，“皇军”的野战工事还保留着，高地上的树木烧的烧、断的断，树干和泥土到处都充满弹痕，地上到处都是坟堆。他亲历其境，与官兵交谈之后写道：“尽管‘皇军’怎样的夸大狂，颠倒是非，输了不认账，这回终竟哑口无言了！它可以把平型关、台儿庄……一切的败绩自欺欺人地说成是胜利，但 1939 年除夕之夜在桂林昆仑关的一次溃败，却是无法涂改颠倒

韶關空城記

刘火子写的战地通讯《韶关空城记》（图片来源：《文汇报》）

了！”“是的，自从攻略南宁之后，日本侵略者满以为可以顺利地向北推进，想不到到了昆仑关就遭遇到我们部队有力的进击，一直到全军的败退。连东京、汉口的广播台，也始终封闭消息，只字不敢提他们在桂南的这一败绩。”

这次入侵桂南的“皇军”，主要是日军最精锐部队之一的第五师团，这个师团在那个被称为“关东军三羽鸟”的主脑板垣的训练下，装备好、作战能力强，因此担负起侵华的主要任务。过去，从南口起以至山西、山东、广东、琼岛和对苏作战的诺门罕，许多重要战役，都是第五师团担当的。他们虽然在平型关、台儿庄等吃了大亏，仍然在我中华大地上横冲直撞。可是这一次，他们被我们打得落荒而逃，损失了一个旅团以上的兵力。刘火子这样写道：“战争空前的激烈，我们以大炮、手榴弹、机械化部队，加之空军的协助，尤其士兵的勇敢，把第五师团打得落花流水了……这是第五师团的悲哀！它有资格参与任何一个困难的战局，但却很少有资格得到胜利的战果。过去有平型关、台儿庄（或者加上诺门罕）的惨败，现在又加上昆仑关被歼灭的可怜的史记了。”

刘火子还参加了慰问团，去慰劳前线的官兵。那时，敌人的飞机一批又一批地在空中“呜呜呜”地飞来飞去，炸弹触地时“轰隆、轰隆”的声音不时在敲击着人们的耳膜，但是，他们却毫不畏惧，泰然置之。他们带去了“精神食粮”——几大篓的贺年片、书报、杂志，沿路分送给前线的士兵，并且向他们喊话：“后方民众向你们道喜！”“祝你们打胜仗呀！”“冲到南宁去呀！”看到贺年片、书报、杂志的官兵，听到他们的祝贺，“兴奋而欣喜”，深深地感到在他们的身后有亿万中国人，他们是为保卫祖国而战的。真是“热情流遍山谷，流遍每个战士的心”。刘火子感到他们对前线慰问的意义非常重大，也非常必要。他深感有责任向社会各界呼吁：“后方能不能多组织几批人到前方走走呢？”

国难当头，面对侵略者，许多国民党将领以民族大义为重，举起抗战大旗，他们的精神是可贵的。刘火子听说东江地区的博罗、惠阳在传扬“香公”的故事，就兴冲冲地赶去采访。香公是百姓对香翰屏将军的爱称，他是国民党军的一名战将，广东合浦县人。抗战期间，香翰屏曾率部参加了淞沪会战和徐州会战。他爱护士兵，纪律严明，得到了战士们的爱戴。当时，他的部队驻扎在东江一带的博罗、惠阳。他在那里建立了游击指挥所、军民合作站，还深入乡镇，给百姓讲时事、宣传抗日，慰劳士兵，鼓舞士气，这种“军民合作”的形式，曾经“在一次大反攻中发挥了最高效能”。刘火子深为感动，亲自去采访他，写了《访问香公》。他写道：“香公的另一个名字叫墨林，可是一般人却喜欢叫香公，他喜欢吟咏诗句，字写得很好。他最后写给我一对他拟的对联：‘且莫迟疑今日到牺牲时候；万难退步此间是最

后关头！’”表达他抗战的决心（香公在抗战胜利后退出军界，移居香港。1978年逝世）。

人们都说“今日是新闻，明日是历史”。是的，刘火子采写报道内地的抗战捷报，是最真实的第一手资料，在当时说来都是新闻，大大地鼓舞了港岛居民；在今日，是我们研究华南军民英勇抗击日本侵略者的不可多得的珍贵史料。

1941年刘火子在香港山顶栈道（图片来源：《文汇报》）

1941年12月，太平洋战争爆发，日本侵略者进攻香港，香港沦陷。次年年初，刘火子通过日军封锁线，只身逃离香港，步行一个多月，历尽艰辛，随身携带的个人作品丢失殆尽，才好不容易抵达韶关，进入韶关的《建国日报》当编辑。回顾在香港沦陷期间的日日夜夜，他痛心不已，在繁忙的工作之余，撰写了一篇长达两万多字的报告文学——《红香炉的百年祭——香港的悲剧》，以“刘宁”为笔名，分十七期在《建国日报》上连载，描述日军占领香港的经过和暴行，以及港人的种种心态和表现。

刘火子以“红香炉”比喻香港。一百年前，英国强占了香港，“正当英帝国印行了百年纪念邮票以后不到几个月的光景，就来了这回震撼世界的灾难，这是不是一回血祭呢”！从此，香港进入了“黑暗的时代”。

刘火子在沦陷的香港仅仅待了十一天，却尝到了作为一个亡国奴的滋味。他保持战地记者的本色，像一个“隐蔽战线”的人物，深入居民区，行走在香港的大街小巷，亲眼看见了日军无恶不作、倒行逆施的许多事实。日本士兵身材矮小，身穿黄色军服，头戴一顶尖形帽子，港人蔑称他们为“萝卜头”。刘火子的文章记录了“萝卜头”的种种暴行。他说：“我是从事于新闻的。在我的笔下曾经留下了不少关于敌人的影子。但是我所得到的材料都只是来自别人的转述。我是没有机会亲眼见过敌人的。现在我都不可避免地要见到他们了，心中惊恐而又憎恨。在他们侧旁经过，或者要耻辱地受到他们检查和答复他们的问话。”当时的香港笼罩在血色恐怖之中，“萝卜头”经常“是背着长枪在街上游行的，他们三三两两地走着，只要一不高兴就可以随便地执行‘枪杀’的任务”。刘火子有几次遭遇“萝卜头”的搜身和盘问，也曾险些儿在住处落入“萝卜头”的魔掌。港民遭到日军的蹂躏和残杀，尤其是妇女更是首当其冲。刘火子在文章中有一段记录："敌人对于民间女人的骚扰，是他们风纪扫地之最大原因。虽然，敌人的军民政部，堂而皇之地在皇后大道艺文商店门前的墙壁贴上招请军妓的告示，叫愿意参加的女人'报名从速，以免额满见遗'；同时，又拼命地在几间酒店里开设了什么'皇军慰安所'（所的前面常常有一队一队的士兵来临，又疲乏地撤走），但敌人对于民间女子的骚扰仍然没有停止。一家民营医院的女看护，听说有不少曾受到蹂躏。在赤柱，不少的英、美女人也同样地遭到侮辱！这种恶劣的行为，后来逐渐成为一种风气！"日本侵略者每到一地方，都要"招请"慰安妇，设立慰安所，供那些"萝卜头"享受。刘火子的这段文字是日军在香港兽行的见证。

香港被日军占领的经过，沦陷前后各阶层港民的心态和表现，尤其是日军在香港的种种暴行，"红香炉"（《红香炉的百年祭——香港的悲剧》）为我们提供了大量真实的细节资料，弥足珍贵。

刘火子在新闻界"以敢言与勇于揭露真相见称"，是一位富有正义感的人物。刘火子还是一位充满激情的诗人，连续写了半个世纪的诗，直至 1984 年 8 月，他写下最后一首诗《奋起者之歌》。

（文章发表于 2015 年 8 月 10 日，选自《文汇报》，有删节）

陆灏：活跃在晋察冀边区的战地记者

口述 / 许小莹　整理 / 施宣圆

陆灏，原名许彬章，又名许干、洛灏。1920 年出生于上海一个工人家庭，祖籍江苏无锡。1937 年 3 月，参加上海职业界救国会投身革命工作，同年 11 月去延安。1938 年 5 月，在陕北公学学习时加入中国共产党。之后，到敌后抗日根据地——晋察冀边区从事文艺工作。1943 年秋起，任《晋察冀日报》特派记者、编辑。1948 年后任《人民日报》记者、编辑，驻苏联莫斯科记者。1956 年为中国作家协会会员。1957 年在上海复旦大学新闻系任教。1958 年开始，历任《文汇报》副总编辑、党委副书记、党委顾问。

陆灏（图片来源：文汇网）

爸爸是“老八路”、《晋察冀日报》战地记者，但是他没有留下一些回忆录或者口述的文字，查查他的出版物，只有一本《陆灏新闻作品选》，所收文章分“人物特写”“工作研究”“国外访问”“新闻探讨”四个部分，全是中华人民共和国成立后的作品。他在 1938 年就到了延安，在一些文艺团体工作，又在晋察冀边区机关报《晋察冀日报》当战地记者，写过许多新闻、通讯。但是，在这本作品选中一篇都找不到。

据他在这本书的后记中说：“这是因为现在回过头来看看那些新闻作品，虽然革命热情是高的，但报道却不够深刻，文字是幼稚的，因而没有收入本书。”爸爸原姓许，名彬章，出生于1920年，江苏无锡人。陆灏是后来的名字。我有两个弟弟、一个妹妹。前几天，他们来到我家，我们一起回忆爸爸在抗战时期的点点滴滴……

邹韬奋教他去延安

爸爸曾经多次说过，是邹韬奋教他去延安的。其实，爸爸本人并没有见过邹韬奋。

1937年七七事变爆发以后，日本侵略者又发动“八一三事变”，悍然进攻上海。这年爸爸十七岁，在一家以国民党元老于右任为后台的神州日报社当电话接线生。他有一位好朋友叫徐志灏，徐志灏比爸爸大两三岁，是他姑母邻居的孩子。徐志灏经常给他讲一些抗日的道理，还鼓励他加入沈钧儒、邹韬奋等爱国“七君子”领导的救国会，成为上海职业界救国会的一名战士。之后，他就跟着大家去参加抵制日货的演讲、游行，向人们宣传抗日救国的道理。徐志灏对他很好，还介绍他参加宋庆龄、何香凝组织的战地壁报服务团，每天把最新的抗日救亡消息写成几份大字壁报，张贴在河南路、江西路两旁的墙壁上。

爸爸工作的电话间旁边，就是《神州日报》采访部的办公室。在这里聚集了一些进步青年，有一天，爸爸听到一位曾在天津《益世报》当过记者的桂步光在低声哼着一首什么歌，很好听，但从来没有听过。他好奇地问：“你唱的什么歌？”桂步光有点犹豫，不大肯讲。经过爸爸一再恳切询问，桂步光才告诉他这首歌叫《国际歌》，桂步光还给他讲了歌词的大意。此后，桂步光又断断续续给他讲了一些有关中国工农红军的情况。在徐志灏、桂步光的开导下，他的思想开始从迷惘中解脱出来，渐渐地知道红军为何反对内战、主张坚决抗日。

说来也巧，1937年秋，爸爸连续在邹韬奋先生创办的《抵抗三日刊》上看到延安的陕北公学的招生简章和有关报道。简章上说，陕北公学的宗旨是实施国防教育，培养抗战人才。《抵抗三日刊》还刊载了八路军驻京办事处给韬奋先生的信，同时披露了给有志报考陕北公学朋友们的答复，说延安的生活很苦，吃小米饭、大白菜，大家都一样，就是陕北公学的校长成仿吾也没有例外。陕北公学招生的消息给了他极大鼓舞，使他萌生了去延安学习的念头。他把想法告诉了徐志灏，徐志灏极力赞成他去延安学习，并答应帮忙找人联系。过了一两天，徐志灏告诉他还有一个叫杨时的青年也要去延安，可以一起走。徐志灏还派人给他送来一封给西安八路军办事处的介绍信。

历经坎坷赴圣地

爸爸把要去延安陕北公学学习的想法报告给了《神州日报》经理蒋光堂先生。蒋光堂虽是国民党人，却一口赞成他去延安。为了表示对爸爸的支持，多给了他两个月的工资，第二天又送给他一个相当贵重的怀表和一件外国制造的白色羊绒衫，嘱咐他路上要十分当心。

1937 年 11 月的一个拂晓，爸爸和杨时两个人登上了英商怡和洋行一艘开往南通的轮船，踏上了去延安的第一站。此时，抗日战争已经使京沪铁路中断，上海除租界外，几乎沦陷。他们只能经过苏北到徐州，沿陇海铁路到西安后，才能去延安。

他们在苏北，有车坐车，有船乘船，车船都没有，就靠两条腿走路。那时候社会不太平，兵荒马乱，蒋经理送给爸爸的怀表和羊毛衫，被一些败退下来的国民党士兵抢走了。不过也遇到过好人，离开泗阳之后，他们碰到了一位国民党部队的营长，他是江南人，知道爸爸他们是从上海来的，便称他们是老乡，态度友好，要他们同他一起坐车走。到了宿迁的那个晚上，当地国民党县党部的人还出面请他们吃了晚饭，知道陆灏他们是要去延安的，再三劝说他们留在苏北抗日。爸爸暗想，下决心去延安，是瞒着祖父母和父母出走的，奋斗的目标已经决定，绝对不能改变主意！要抗日，就要到延安！

爸爸没有见过邹韬奋先生，是韬奋先生创办的《抵抗三日刊》传播了中国共产党抗日救国的声音，是韬奋先生的爱国主义思想激励爸爸去了延安，从而改变了他一生的命运！

爸爸一生都十分感激韬奋先生。韬奋先生逝世的时候，他已经在《晋察冀日报》工作，还特地发了一则消息，表达了他对这位文化伟人的敬仰和怀念。

在延安加入中国共产党

1937 年 12 月上旬，南京快要失守，沿途到处都是三五成群的国民党散兵、扶老携幼的难民，人们惊慌不定。爸爸和杨时好不容易到了徐州，因为战争的影响，陇海铁路线上的火车开开停停，乱成一团。他们想省一点钱，遇上什么车，就坐什么车。不管什么时间，白天、晚上，只要火车往西开，就上车。几天之后他们到了西安。

到了西安之后，他们在七贤庄找到八路军办事处，递上了介绍信。办事处的人员说，非陕甘宁地区去延安的青年，都要先到三原安吴堡战时青年训练班（简称

"青训班"）学习一个月。他们千辛万苦从上海到了西安，行程几千里，现在总算是找到公开的共产党了。第二天，他们高高兴兴、蹦蹦跳跳地步行去三原。

爸爸到了三原安吴堡后，被安排住在一个大庙的厢房里。青训班的主任是冯文彬，副主任是胡乔木。同学中很多是从东北、华北过来的流亡青年，也有从南方来的，还有西安市的男女青年，其中不少是中学毕业生，年龄大多是十七八岁，有的年岁更小。庙里抗日的歌声此起彼落，除了睡觉，日夜不停。在这座革命的大熔炉里，爸爸参加了中华民族解放先锋队，第一次听到社会发展史，第一次知道马克思讲的剩余价值、商品是怎么一回事。青训班晚上经常要开学习讨论会，讨论什么是唯物论，什么是唯心论；什么是封建主义、资本主义，什么是社会主义、共产主义。有时还开生活检讨会，大家友好团结，态度真诚，爸爸觉得这样的生活十分新鲜，因为他从来没有经历过。一个月后，青训班第四期毕业了，有的同学接到通知去延安报到，而爸爸却久久没有接到通知。后来，一些没有被批准去延安的同学商量下一步行动，决定重新回西安去。此时的西安，已成了全国流亡青年的一个聚集地，墙头上到处贴满了抗日的海报、传单，前线的消息，汇成了一股同仇敌忾的洪流。有人在海报上看到了山西民族革命大学招生的消息，爸爸就和一群素不相识的青年到山西民族革命大学西安招生处报了名，隔了一两天，就接到了录取通知。他们马上出发到晋南曲沃山西民族革命大学第四分校报到。

可是，到了曲沃还不到一个星期，太原、临汾告急，日机轰炸侯马，学校宣布解散，人们各奔前程。经过商量，大家还是决定要到延安去。于是大家组织成立了一个战时工作团，一边步行去延安，一边宣传抗日救国的道理，这样又渡过了黄河，经过韩城，一天走七八十里路。1938 年 3 月，爸爸终于到了向往已久的革命圣地——延安！

此时的延安，广招天下青年，爸爸很快被编入陕北公学 19 队，后来改编为 24 队。在这里，他又见到了杨时，他们惊喜交集。杨时比他大四岁，比他早来延安。两个月后，爸爸光荣地加入了中国共产党。从此，他把他的热血，他的生命、他的一切都献给中国共产党！

战地记者深入"虎穴"，以笔为刀枪

爸爸在晋察冀边区最有成就的就是在《晋察冀日报》当战地记者。他没有写过这个时期的回忆录，但却留下了许多发表在《晋察冀日报》上的作品。《晋察冀日报》（前身为《抗敌报》）是在敌后抗日游击战争极端困难的环境中创刊，伴随晋察冀边区根据地一起发展壮大起来的。它从 1937 年 12 月 11 日创刊，到 1948 年 6 月

14日终刊，整整经历了十年零六个月。它是中国共产党在敌后抗日游击地创刊最早、连续出版时间最长的大区党报之一。1948年6月15日，《晋察冀日报》和晋冀鲁豫边区《人民日报》合并成为人民日报社，后跟随毛泽东主席和党中央到了北京，成为党中央的机关报。

那时，爸爸二十岁左右，风华正茂，朝气蓬勃，办壁报、编剧本、写文章，都有一手，在晋察冀边区文化界已经有点“小名气”。根据爸爸的“档案”说：“陆灏1943年夏至1944年冬，任晋察冀边区第四中共地委宣传部干事兼晋察冀日报、新华社冀晋分社特派记者。”其实，在此之前，爸爸就给《晋察冀日报》投稿了，《少年儿童在成长——抗敌剧社的孩子们》就发表在1942年11月3日；《记突围》《在唐县基于队伍里》《四十八个加两个——平山某村自卫队员全体报名》等都发表在这一年。此时，他还在抗敌剧社，可能已经是《晋察冀日报》通讯员，经常为该报撰稿，所以第二年就正式转为《晋察冀日报》的记者。

爸爸在《晋察冀日报》上的作品，署名是“洛灏”，不是许彬章。我想：“灏”，大概是为了纪念指引他走上革命道路的好朋友徐志灏。洛与陆同音，所以，以后他一直以“陆灏”为名。

邓拓是当时《晋察冀日报》副社长兼总编辑。他在“文革”初期被“四人帮”迫害致死。他是爸爸的老上级，爸爸对他有很深的感情。一说起邓拓，爸爸总是很伤心。邓拓是一位才子、一位勇士，不仅是报社的总编辑，还是一名出色的军事指挥员。每逢反“扫荡”战斗一打响，他就带领报社人员，“敌进我退，敌退我进”。有时翻山越岭，与敌人“捉迷藏”。为了使报纸同群众、同实际保持密切的联系，他常常采取各种方式把编辑、记者派到第一线去参加实际斗争，以笔为刀枪。在敌后游击战争中，报社除了一部分人坚持日常工作，不少编辑、记者和晋察冀的子弟兵、地方的游击队、游击小组战斗在一起，袭据点、攻堡垒、炸铁路、埋地雷。他们既是勇敢的战士，又是合格的记者，经常奔赴部队的前沿阵地。或在军营里、在战壕中，采访指战员；或在田野上、在山沟边，慰问老百姓。有时还要贴标语、抬担架、护理伤病员。并且要在第一时间，写好并发出新闻。

爸爸对写作十分感兴趣，到《晋察冀日报》当记者，可谓如鱼得水。有一次，他听到日军在井陉屠杀无辜百姓的消息，怒火中烧，立即急行军，徒步赶到现场。当听说日寇在短短十天，屠杀了手无寸铁的群众近四百人时，他怀着满腔的悲愤，采写了一篇《敌在井陉造成重重惨案　黑水坪三口井里填满尸首　老虎衙中毒同胞尽成血水》，发表在报纸一版头条。爸爸在这篇新闻里写道：“本报特讯：‘扫荡’井陉之敌，自（1944年）十一月十四日开始至二十四日即大部撤走，时仅十天但遭敌

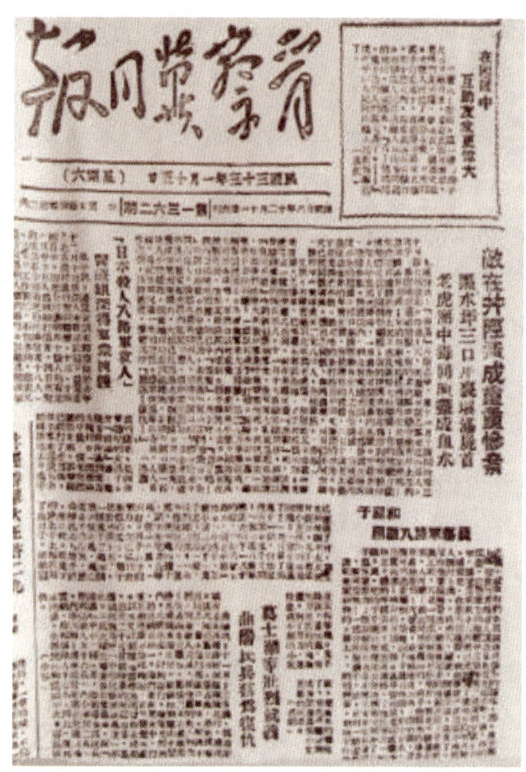

晋察冀日报

敌在井陉造成重重惨案

陆灏采写的《敌在井陉造成重重惨案》发表在《晋察冀日报》头版头条（图片来源：文汇网）

屠杀之群众近四百人。其间，暴虐残忍远过野兽，有的要我群众悬空坐在井上用刺刀挑脐落井而死；有的用麻绳绑住两腿吊在井里直至淹死；有的用石头缚在身上沉在水底复用大石碾烂；有的被铡刀铡成几节或砍了头倒悬树梢；有的被撕成数片为洋犬咬成粉碎。敌人撤出黑水坪时，一里路外可闻到扑鼻的血腥。翠绿麦田，兽蹄点点。街头院内，到处有焦头烂额，或为斧锯肢解而四肢不全的尸体。村口草房，散挂着女人缕缕之血发，有被奸污后复遭屠杀的年轻女尸，有被烧焦的裸体，六七十岁老太婆下身还插着木棍。最可惨的是村西三口三丈余深的水井，今日已被尸骸填满，捞出之尸骸，血肉模糊，面目已不可分辨，该村有两家八口人，全被杀绝。……惨案传至军区各地，人人目眦尽裂，肺腑欲迸，振臂高呼：'控诉！复仇！'日寇之残忍，令人发指，日寇之暴行，罄竹难书！”爸爸这篇的“特讯”，把日寇惨无人道的罪恶行径公之于世，激起人们的极大愤慨。爸爸当时写了不少这样的新闻题材，如《我军攻入灵寿城毙俘敌伪二百五十余名缴枪百五十余军用品甚多》等。

爸爸多才多艺，还在报上发表过诗歌，有一首悼念他们党支部书记的诗是《当季候走上春天的时候》。这位书记叫季候，在战场上英勇战斗，不幸以身殉职，爸爸的这首诗是对这位书记的怀念。他写道：“天热了，我们都穿上新的军装 / 新的军装剩下了你的衣裳 / 军装失去了主人 / 缄默地留在地上 / 当季候走上春天的时候 / 自然和战争都笑着前进 / 一切都在开展生长…… / 而我们年轻的兄弟死在接近胜利的路上。”在 1943 年年初爸爸又写过一首三十行的《敬礼，苏联红军》，其中他写道：“让我们向你们神圣的宣誓 / 为祖国，我们将忍受最后的痛苦和牺牲 / 像你们一样的反攻，一样的忠勇 / 在今年要消灭我们共同的敌人。”“诗言志”，表达了爸爸为了抗敌，为了祖国的解放，誓把自己青春献给革命的决心。

1943年反“扫荡”作战前，报社人员组成武装梯队，进行军事演习（图片来源：文汇网）

1943年，晋察冀北岳区经历了一场最残酷的反“扫荡”战斗。日军纠集大量兵力，在边区腹地拉锯“扫荡”三个月。报社在灵寿、平山、阜平的深沟高山上，日夜与敌人周旋。爸爸深入斗争第一线，采写了一系列战地新闻、通讯。最有影响的是1943年年初的一组“军区东线反蚕食斗争报告”通讯:《刘振汉回来了》《偷袭秦家台》《南甸，是敌人的坟地》《我亲眼看见了敌人的败象》……“东线”是指晋察冀军区第四军分区的灵寿、平山、阜平、行唐、正定（属河北省）、平定、井陉（属山西省）等县，那时日寇收买汉奸，“蚕食”这些地方。这些文章表彰了“东线”军民同仇敌忾，粉碎敌人阴谋的英勇精神，鼓舞了边区军民的斗志，坚定了他们“抗敌必胜”的信心。爸爸写过许多这方面的通讯，如《温都河上的血仇》《滹沱河畔过春节》等。爸爸从不在我们子女面前讲他“辉煌”的过去，记得有一次我们要他讲讲在《晋察冀日报》是怎么写新闻报道的，他只是淡淡地说:“当年和我一起到报社的八位亲密战友，已在战争年代牺牲了六位。我们这些活下来的人已经很幸运了，还有什么好谈的呢！”

爸爸曾经写过一篇《如何当好新闻记者》的文章，他写道:“古人说，不入虎穴，焉得虎子！意思是不冒艰危，是不能成事的。”“要入‘虎穴’，得‘虎子’，就要有一种献身的精神，牺牲的精神。没有这种精神，只能在‘虎穴’的边上转来转去，绕着矛盾走，那是得不到‘虎子’的。战争的时候要到炮火连天的前线去，‘四化’建设要经得起困难和曲折的考验。”这是爸爸几十年记者生涯的经验之谈！他在晋察冀边区炮火连天的前线采写，发表在《晋察冀日报》的一系列新闻、通讯，如果没有大无畏的牺牲精神，没有深入“虎穴”，是不可能写出如此振奋人心的作品来的！当年的这些“新闻”，记录了晋察冀边区军民精诚团结、勇敢杀敌，抗击日本侵略者的事实，如今已经成为我们研究抗日战争时期的珍贵历史资料。

今年是抗日战争胜利70周年，也是爸爸诞辰95周年，爸爸离开我们已经十年了。他是我们的好爸爸，永远活在我们的心中。

（本文发表于2015年7月6日，选自文汇网）

抗日烽火中的战地女记者——黄薇

文 / 郑学秋

黄薇（图片来源：福建省江夏黄氏源流研究会网站）

黄薇，是一位德高望重、对中国新闻工作做出杰出贡献的著名记者，也是一位斯诺式的国际新闻战士。

在那风雨如磐的岁月里，黄薇以笔为剑，驰骋抗日救亡战场。抗战时期在延安时，毛泽东同志与她进行了多次亲切随和的谈话。她遵照毛泽东同志的意思，开始了华北敌后抗日的新历程。在三个月时间里她的足迹遍及四十多个县，采访了聂荣臻、贺龙、萧克、左权等八路军著名将领，国际主义战士白求恩，地方政权负责人，抗战中涌现出的英雄模范等等。她以自己的所见所闻写成百余篇敌后通讯，先后在新加坡的《星洲日报》《星洲晚报》上连载了六个多月，许多华侨报刊纷纷转载，在海外读者中引起了相当大的反响，起到了不可估量的作用。不少革命前辈和爱国华侨后来回忆起来都说："当年就是读了黄薇的那些文章而回国参战的。"这些通讯结成集子出版时，萧克将军这样题词："以笔为剑，当得三千毛瑟枪。"

黄薇，原名黄维英，1912 年出生于福建省龙岩县（今龙岩市新罗区）赤水桥村。她从青少年时期就向往光明，追求进步，从厦门集美女子师范学校毕业后，于 1934 年去日本留学。在东京明治大学学习期间，于 1936 年参加中共东京支部领导下的外围组织"留日妇女会"，并当选为该会领导。不久，她参加了社会科学座谈会等团体的革命活动。

1938 年 4 月，黄薇作为战地记者团唯一女记者在徐州抗日前线采访［图片来源：《中华儿女（海外版）》］

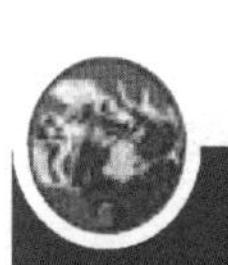

1937 年抗日战争全面爆发，黄薇回到上海，后到泰国，因发表宣传抗日文章，被泰国当局下令限期离境，随即到马来西亚、新加坡等国家以记者身份从事抗日宣传和募捐活动，以支持共产党领导的抗日战争。1938 年 3 月，她以新加坡《星洲日报》特派记者身份回国。同年 5 月，她参加武汉战地记者团去徐州前线采访。不久，日寇数路围攻徐州，记者团随军突围回到汉口。在《徐州突围》一书中有黄薇写的《从前线到后方》的报道文章。

1938 年，黄薇在八路军武汉办事处的安排下，以记者身份随同世界学生联合代表团到延安采访。她曾三次受到毛泽东同志的亲切接见，当时她要求留在延安到抗大学习，毛泽东同志认为她到前方去做记者对革命更为有利。她接受指示后，于同年 9 月随陕甘宁边区慰问团一道前往晋察冀边区慰问并参观采访。后在组织的安排下，于 1939 年春到重庆，把在解放区的见闻写了 100 余篇报道文章寄往海外报刊发表。1941 年皖南事变之后，黄薇又把事变的真相发往海外报刊报道，因而为国民党反动派所不容。在危急情况下，经组织安排她离开重庆到香港。不久，她被组织派去菲律宾，从事抗日反法西斯宣传和华侨中、上层人士的统战工作，并于 1941 年 12 月被吸收为共产党员。1942 年 1 月，菲律宾马尼拉被日本侵略军占领后，她担任抗日地下报《华侨导报》编辑。马尼拉光复后《华侨导报》改为大型日报，她任编辑主任、总编辑。1947 年 11 月，任新华社香港分社总编辑。1949 年初回国后，她作为代表分别参加了第一次全国妇女代表大会、第一次全国青年代表大会和亚洲妇女会议。历任中央统战部研究员，中联部研究组组长、处长等职。1982 年 7 月离休。

黄薇勤奋好学，学识渊博，离休后仍勤学不倦，笔耕不止，与龚陶怡合编了《菲律宾华侨抗日斗争纪实》和回忆录《风雨人生》等书，获得广泛好评，2000 年 3 月 16 日不幸病逝于北京，享年八十八岁。

（本文选自福建省江夏黄氏源流研究会网站）

抗战烽火中的女记者

文/李建昆　颜士强

2015 年 9 月 3 日，是中国人民抗日战争暨世界反法西斯战争胜利 70 周年纪念日。在这个特殊的日子里，作为新闻后学，我们不仅要赞颂那些浴血奋战的民族英烈，也要铭记那些冒着枪林弹雨报道抗战进程的新闻记者，特别是那些和男记者并肩奋战的女记者。她们冒着生命危险记录的中国人民浴血奋战的壮丽画卷，在中国抗战史和新闻史上留下了浓墨重彩的一笔。

彭子冈：抗战时期新闻界“四大名旦”之首

彭子冈，原名彭雪珍，这位被誉为《大公报》风云人物的女记者，十来岁便提笔写作，中学时受到叶圣陶先生的赏识，从成长到成熟，一路笔耕不辍。抗战全面爆发后她转战武汉，进入《大公报》任外勤记者，从此掀开了她战地采访报道的生涯。

彭子冈（图片来源：中国作家网）

彭子冈的战地新闻作品笔风可谓泼辣、尖锐。她一面讴歌中国共产党带领中国人民浴血奋战的感人事迹，一面控诉日本侵略者毫无人性的滔天罪行，如《皖北游击》《难民在端午》《陪都琐闻》等作品。彭子冈于 1938 年加入党组织，成为一名地下党员。

在敌后革命根据地采访的过程中，彭子冈与丈夫徐盈推着自行车，足迹遍布赣州、瑞金、宁都等地，将敌后根据地真正的平常百姓的生活、真实的中国农村向外界一一介绍。关于农村妇女的写实报道引起极大反响，如《巨变中的江西农村妇女》《一

个女人的忧怨》等。

1936 年 11 月，上海各界救国联合会负责人沈钧儒、邹韬奋等人因从事民族救亡活动在上海被捕，被关押在苏州高等法院看守所，史称“七君子事件”。事件发生后，彭子冈冲破敌人重重阻挠，冒着生命危险化名“小梅”，以史良堂妹的身份前往监狱探监。监狱看守对其进行严密的盘查，稍有疏忽就会有生命危险。经过多个关口的严查细问，彭子冈终于见到史良，并在有限的会见时间里，把史良慷慨激昂的言辞一一记录下来，回去后整理成了《堂姐史良会见记》。该文一经刊发，迅即引起社会各界对“七君子”的认识和关注，为后续的营救工作营造了良好的舆论氛围。

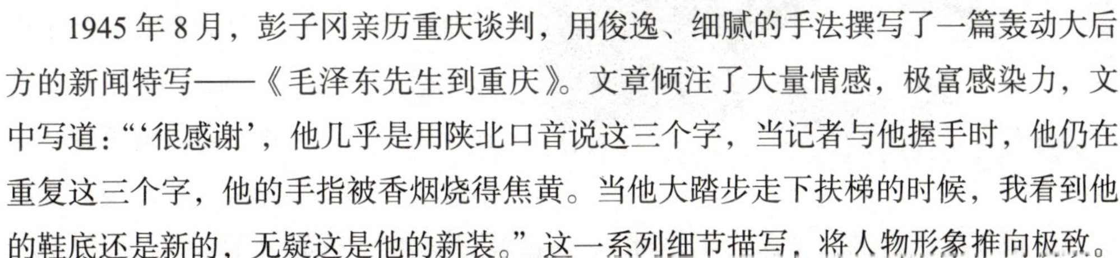

1945 年 8 月，彭子冈亲历重庆谈判，用俊逸、细腻的手法撰写了一篇轰动大后方的新闻特写——《毛泽东先生到重庆》。文章倾注了大量情感，极富感染力，文中写道：“‘很感谢’，他几乎是用陕北口音说这三个字，当记者与他握手时，他仍在重复这三个字，他的手指被香烟烧得焦黄。当他大踏步走下扶梯的时候，我看到他的鞋底还是新的，无疑这是他的新装。”这一系列细节描写，将人物形象推向极致。

彭子冈一直奋战在新闻一线，在她笔下有深藏敌后的游击司令，有东北地区坚持抗战的英雄，有自愿申请到前线打仗的青年，也有敌后宣传鼓舞、组织救护的有志人士。不论男女老幼、行当职业，只要是为民族抗战出力的人，在她笔下都是民族的功臣。

戈焰：跃动于诗歌曲调上的女作家

戈焰，原名郭丽君。1938 年，年仅十五岁的戈焰便离开了重庆涪陵老家，义无反顾地加入抗战大潮中，并于翌年由延安中央组织部培训班毕业，奔赴晋察冀边区，踏上了抗战宣传的道路。

1943 年春，于华北联大文艺学院文学系结业后，戈焰被分配到晋察冀通讯社，到抗战东线的易县、满城、徐水一带做宣传斗争。戈焰所在的西北战地服务团在挺进敌后的途中，边演出边与敌人周旋，所经之处大受军民欢迎。在反“扫荡”中，一次演出临近收场时，游击队员报告有敌情，还未来得及撤离，游击队已在不远处与敌人发生激烈交火，一位作曲家为了救一位在前线打仗的战友的孩子，不幸牺牲。戈焰将这一亲身经历用诗歌的形式报道出来，以动人的战斗风采和生活画面激励抗战军民同仇敌忾、痛击敌寇。

为了尽快“入乡随俗”，熟悉当地情况，她一边模仿当地姑娘的装扮，一边学习纺织、地方语言、盘腿等；为了应对汉奸及日寇的突袭，她苦练巡逻、放哨、射击等技能，一手执笔，一手持枪，成为当地民兵队伍中的一员。1943 年 7 月，日寇攻打满城，战斗中，戈焰与民兵先是将妇女、儿童及老人转移到安全地带，然后转身投入前线阵地继续采访，冒着枪林弹雨将游击小组灵活抗击日寇的战斗过程撰写成题为《满城一个游击小组》的文章，刊登于《晋察冀日报》上。

戈焰激情饱满地讲起当年的往事（图片来源：《华商报》）

1945 年 7 月 28 日，解放张家口战役打响，戈焰第一时间赶赴张家口铁路局，报道日寇溃败撤退时的丑态。她在本子上写道："日本人最初来张家口时每人最多只有一个小提箱，可是撤退的时候，每人至少带三五件大行李。为了争取逃离时间和节约火车厢的空隙装人，好多行李被从车上扔下来。有的人上车走了，行李还在月台上。也有行李上了车，人却挤不上去的。火车站里呼爹喊娘、哭啼叫骂，什么丑态都有。日本人强迫司机开足马力逃奔，挤不上车的人，有的追着火车跑，有的转身往飞机场跑。"在前线采访到翔实的信息后，戈焰回到报社思量许久，写下《总有这么一天》的精彩报道，在抗战区引起强烈反响。

（本文选自《军事记者》，有删节）